Aging in Grace

Aging In Grace: Letters to Those in the Autumn of Life
By Archibald Alexander

First Edition © 2018 by Log College Press
Korean Edition © 2024 by Publishing House The Presbyterian Church of Korea, Seoul, Republic of Korea

All rights reserved. No part of this publication may be reproduced, stored in a retrieval system, or transmitted in any form or by any means—for example, electronic, photocopy, recording—without the prior written permission of the publisher.

인생의 가을을 맞이한 이들에게 보내는 노(老)신학자의 편지

Aging in Grace
은혜로운 노년

나를 인도해 주시고,

나를 격려해 주시고,

나를 위로해 주소서.

아치볼드 알렉산더 지음
김동철 · 유영희 옮김

한국장로교출판사

역자의 글

"목사님, 목사님께서는 죄와 죽음을 자주 언급하시는데 들을 때마다 불편합니다. 솔직히 말해 유쾌하지 않습니다." 오래 전 한 성도님이 나의 남편에게 이렇게 항의하는 것을 들은 적이 있습니다. 흔히들 죽음은 두려운 것이라고 생각합니다. 일반적으로 죽음을 검은색으로 표시하는 것만 보아도 많은 사람들이 죽음을 인생의 어두운 그림자로 인식하고 있음을 알 수 있습니다. 사실 오롯이 홀로 맞서야 하는 이 어두운 죽음을 불편해 하지 않을 사람이 있을까요?

말씀에 기초한 성도의 규범을 제시하고 은혜의 깊이를 더해 주는 하이델베르크 요리문답의 첫 번째 질문은 "살아서나 죽어서나 당신의 유일한 위로는 무엇입니까?"입니다. 놀랍게도 이 질문에 대한 답은 다음과 같습니다. "살아서나 죽어서나 나는 나의 것이 아니요, 몸도 영혼도 나의 신실한 구주 예수 그리스도의 것입니다." 만약 이 위로가 이 땅에 사는 동안에만 누릴 수 있는 것이라면 죽음은 당연히 두렵고 불편할 수밖에 없습니다. 그러나 우리는 사나 죽으나 주님의 것입니다.

연약한 육신에 담긴 인생에게, 특별히 노쇠한 육체로 죽음에 가까이 다가선 연로한 성도들에게 절실한 지혜의 말씀을 편지로 남겨 주신 아치볼드 알렉산더 목사님에게 깊은 감사를 드립니다. 고희를 넘긴 농익은 노년에 자신이 갈망하던 것을 그대로 실천하신 목사님 자신의 이야기는 저에게 큰 감동을 주었습니다.

이 글을 통하여 저와 같이 노년을 살아가는 모든 성도들이 신실하신 주님께 속한 나의 신분을 재확인할 수 있기를 바랍니다. 또 이에 더하여 죽음도 오히려 유익이 되고 축복이 되는 진리를 맛볼 수 있기를 기도합니다.

유영희 사모

역자의 글

　미국에서의 이민 목회 은퇴 후 30년 가까이 해외 순회 선교사로 주님을 섬기던 중 이 책을 접하게 되었습니다. 이미 노년의 시기에 접어든 저의 주변에서는 노화와 각종 질병으로 세상을 떠나는 이들의 소식이 자주 들려옵니다. 저는 아내와 함께 이 책을 읽으며 죽음에 한 발짝 가까이 다가선 우리의 동료들에게, 또 죽음을 앞에 두고 살아가는 우리 모두에게 꼭 필요한 책임을 확신하였습니다. 주님을 믿지 않는 이들이 이 책을 읽는다면 그들의 눈을 열어 주는 계기가 될 것이며, 주님을 믿는 분들이 읽으면 큰 위로와 큰 기쁨을 얻게 될 것입니다.

　이 책의 번역은 저와 비슷한 연배에 있는 동료들과의 나눔을 위해 시작되었습니다. 그리고 그렇게 이 책을 접한 이들은 한결같이 그 내용에 공감하였습니다. 이제 한국어로 정식 출간되는 이 작은 책자가 남녀노소를 불문하여 많은 이들에게 읽혀져서 그들 모두가 누구에게나 찾아오는 인생의 끝자락을 아름답게, 밝게 맞이할 수 있기를 바랍니다.

김동철 목사

차 례

역자의 글

첫 번째 편지
인생의 가을에 찾아오는 어려움 · 10

두 번째 편지
인생의 가을에 찾아오는 죄 · 22

세 번째 편지
인생의 가을에 주어진 의무 · 36

네 번째 편지
인생의 가을에 죽음을 마주하기 · 50

다섯 번째 편지
인생의 가을에 누리는 확신 · 70

죽음의 문턱에서 드리는 기도 · 84

일러두기

* 이 책은 아치볼드 알렉산더가 1844년, 70대 초반의 나이에 출간한 『종교적인 체험에 대한 고찰(Thoughts on religious experience)』의 부록으로 실린 편지글을 모은 것이다.

* 이 책의 마지막 장인 "죽음의 문턱에서 드리는 기도(A prayer for one who feels that he is approaching the borders of another world)"는 아치볼드 알렉산더의 장남, 제임스 알렉산더가 아버지의 전기를 쓰며 그 마지막에 실은 것이다. 그는 "이 기도는 몇 년 전 아버지께서 편지를 쓰시면서 말씀하셨던 당신 스스로 추구하고 갈망하던 경건한 삶을 그대로 이행하신 결과물이며 의심의 여지 없이 아버지 당신의 이야기를 적으신 것입니다."라고 기술하였다.

- 『Aging in Grace』 서문에서 발췌

첫 번째 편지

인생의 가을에 찾아오는 어려움

Struggle in the Autumn of Life

우리의 인생에 가을이 찾아왔습니다. 젊은 시절은 영원히 가버렸고, 그때 가졌던 감정과 꿈도 사라지거나 달라졌습니다. 지나간 날들을 돌이켜볼 때 마음이 무거워지거나 슬퍼질 때가 적지 않습니다. 앞을 내다볼 때는 끝이 없을 것 같았던 긴 세월도 뒤돌아볼 때면 극도로 짧게 느껴진다는 진부한 말이 이제는 과연 실감이 납니다.

사실 노년은 서서히 다가왔음에도 불구하고 우리는 마치 뜻하지 않은 때에 갑자기 닥친 것처럼 느낍니다. 지금도 노환으로 고통을 느낄 때나 거울에 비친 자신의 달라진 모습을 볼 때를 제외하면 우리는 자신이 늙었다는 사실을 잊어버립니다. 그래서 종종 힘에 겨워 감당하지 못할 일을 하겠다고 덤비기도 합니다.

　예순, 예순을 넘긴 이후의 삶은 우리가 잠에서 깰 때마다 꿈처럼 그 모습을 드러냅니다. 우리의 과거는 빠르게 지나갔으며 우리의 얼마 남지 않은 세월은 그보다 더 빠른 속도로 지나갈 것입니다. 지병으로 늘 고통 속에 있는 상태가 아니라면 노인들의 시간은 젊을 때보다 훨씬 더 짧게 느껴집니다. 1년이라는 시간은 매일, 매주, 매월을 계수할 때는 여전히 길지만, 노인들은 그 시간을 점점 더 짧은 시간으로 느낀다는 것입니다.

　우리 노인들은 매일 일어나는 여러 가지 일에 대해서 젊은이들보다 관심을 덜 갖게 되고, 또 그런 일에 그다지 몰입하지도 않습니다. 우리에게 삶은 냉정한 현실이 되어 버린 지 오래므로 젊은이들 특유의 상상력에서 기인한 활기찬 꿈과 환상은 모두 사라져 버렸습니다. 그래서 노인들의 마음에는 우울한 감정이 찾아오기 쉽고, 젊은 날 함께 지냈던 친구와 여러 사람을 그리워하게 됩니다.

지금 그들 중 몇 명이나 이 땅에 생존해 있을까요? 우리를 위해 수고하시던 여러 목사님들, 그 목소리는 음악 소리같이 감미로웠으나 그분들은 이제 흙이 되어 땅속에 누워 계십니다. 우리가 조언을 주고받으며 속마음을 터놓고 지냈던 사랑하는 친구들, 그들도 우리 곁을 떠났습니다. 내 목숨처럼 아끼던 가까운 친족들, 그들도 모두 죽음의 깊은 잠을 자고 있습니다.

사별의 아픈 상처는 세월이 어느 정도 치유해 주었지만 그들의 죽음은 무엇으로도 채울 수 없는 빈자리를 우리에게 남겼고, 우리는 어쩔 수 없이 그 깊은 상처를 무덤까지 안고 가게 될 것입니다.

같은 상황이지만 한결 더 가슴 아픈 이야기가 있습니다. 그것은 한때 서로 신뢰하며 기쁨을 나누었고, 의와 진리의 길을 계속 걷고 있을 것이라 확신했던 사람들이 믿음의 길을 저버리고 떠난 일입니다. 비록 그들이 아직 생존하여 이 땅 어딘가에서 살아가고 있다 할지라도 그들은 우리에게 죽은 자가 되었으며 우리와 함께 나누었던 공통 관심사도 사라져 버리고 말았습니다.

동시에 우리는 계속 믿음을 지키며 그릇된 길로 빠지지 않고 순례의 길을 걷고 있는 사람들에게서도 또 다른 슬픔을 목도합니다. 바로 세월이 그들에게 가져다준 슬픈 변화입니다. 꽃 피던 청춘, 강인한 힘, 지성으로 반짝이던 눈, 힘찬 생기를 뿜어내던 얼굴…… 이런 것들을 어디에서 찾을 수 있을까요? 아, 사라진 그 모든 것을 대신하여 나타난 노쇠한 육체, 움푹 들어간 눈, 주름진 얼굴, 그리고 비틀거리는 걸음걸이!

하지만 세월의 결과로 나타나는 변화가 모든 사람에게 균일하게 일어나는 것은 아닙니다. 실제로 어떤 사람에게는 노년의 백발이 오히려 아름다움을 더해 줍니다. 선한 노인의 백발과 평온한 얼굴에서는 대단히 독특한 아름다움과 품위가 풍기는 것을 우리는 알고 있습니다. 그의 얼굴에서는 오랜 연륜과 절제된 삶에서만 나올 수 있는 온유함과 진지함이 넘쳐흐릅니다.

노인들이 자신의 과거를 돌이켜보면서 가장 가슴 아프게 생각하는 것은 지난날에 저지른 잘못, 책임에 태만했던 죄, 낭비한 시간, 그리고 선행을 할 수 있는 좋은 기회를 저

버린 일 등입니다.

어떤 경우에는 이러한 과거를 회상하는 것이 견딜 수 없을 정도로 고통스러울 수도 있습니다. 과거로 돌아가 다시 한번 살며 그 잘못을 만회하는 것은 불가능합니다. 그럼에도 우리는 돌이킬 수 없는 과거의 죄와 잘못을 뼈저리게 후회하고 뉘우침과 동시에 현재의 안목과 지금까지의 경험을 바탕으로 다시 한번 유용하게 쓰임받을 수 있는 기회가 오기를 바랍니다.

그러나 우리의 간사한 마음은 우리를 자주 기만합니다. 그래서 우리가 지닌 선한 태도에 대해 실제로 받아야 할 것보다 더 많은 공을 스스로에게 돌리게 합니다.

지금 선한 일을 위해 내가 가진 모든 것으로 총력을 다하고 있는지 자문해 보십시오. 지금도 우리는 젊었을 때와 마찬가지로 심각한 태만의 죄에 빠져 있지 않습니까? 그러므로 만약 우리가 본성을 따라 행한다면 젊었던 그때나 두 번째 기회를 얻은 지금이나 크게 달라질 것이 없음이 확실합니다.

첫 번째 편지

　이제 우리는 결코 열매를 맺을 수 없는 소망은 제쳐 두고, 내 속에서 죄를 미워하는 마음이 뜨겁게 일어나 진정한 회개가 이루어질 때까지 자신의 죄와 여러 미흡한 점들을 철저히 반성해야 합니다.

　참회의 눈물로는 우리의 죄를 대속할 수 없습니다. 모든 불의를 깨끗하게 씻어 주시는 예수 그리스도의 보혈에 의지해야만 합니다. 하지만 하나님 앞에서 진정으로 자신의 죄를 슬퍼하며 흘리는 눈물은 우리의 마음을 부드럽게 하고 정화시켜 줍니다. 이로 인해 우리 앞에 죄의 추악함이 그 진면목을 드러내며 죄를 용서해 주시는 하나님의 자비에 대한 진정한 감사가 우리 마음에 파동을 일으킵니다. 그리하여 우리는 죄에 대해서 전보다 더 조심하게 되고, 더 민감하고 신중하게 생활하게 되며, 또 스스로 겸손해집니다.

　나는 신실하신 하나님께서 때때로 그의 자녀들이 부끄러운 죄에 빠지는 것을 허락하시는 이유에 대해 생각해 보았습니다. 그것은 우리가 죄에 빠진 수치스러운 자신의 모습을 직시하는 것 외에는 우리의 교만한 마음이 겸손하게 꺾일 수 있는 다른 방법이 없기 때문입니다.

죄에 빠졌던 자신을 일평생 돌이켜보는 것은 우리가 스스로 "죄인 중에 내가 괴수"(딤전 1 : 15)라고 자처하며 "모든 성도 중에 지극히 작은 자보다 더 작은 나"(엡 3 : 8)라고 고백할 수밖에 없게 합니다. 이처럼 전적으로 부패한 자신의 마음을 직시하는 태도야말로 하나님의 신실하시고 자비하신 사랑을 가장 강하게 느끼도록 만들어 줍니다.

에스겔 16장 62~63절의 말씀은 이렇게 우리를 교훈합니다. "내가 네게 내 언약을 세워 내가 여호와인 줄 네가 알게 하리니 이는 내가 네 모든 행한 일을 용서한 후에 네가 기억하고 놀라고 부끄러워서 다시는 입을 열지 못하게 하려 함이니라 주 여호와의 말씀이니라".

나의 친구여, 부디 우울한 마음으로 시간을 보내지 않기를 바랍니다. 돌이킬 수 없는 과거의 일에 사로잡혀 시간을 허비하지 않기를 바랍니다. 늘 주님을 의지하고, 스스로 마음을 북돋아 주님의 자비와 신실하심에 소망을 두십시오.

첫 번째 편지

　지금까지 살아오며 쓰라린 고난과 역경이 있었을 수도 있고, 지금 다른 사람에게 내보이기 힘든 민망한 상황에 놓여 있을 수도 있고, 또 앞으로 남은 날들이 비관적이기만 할 수도 있습니다. 하나님의 섭리가 여러분을 온갖 역경 속으로 빠뜨린 것처럼 보일 수도 있습니다. 난관을 헤치면 기다렸다는 듯 다음 난관이 닥치고, 거친 파도를 겨우 피하면 다음 파도가 나를 덮쳐 침몰할 지경에 이를 수도 있습니다. "나의 기쁜 날들은 다 지나갔구나!"라며 탄식하고 싶을 수도 있습니다.

　그러나 비록 친구가 세상을 먼저 떠났거나 혹은 신앙을 버렸다 할지라도, 비록 한때 나의 희망이요 기쁨이었던 자식이 나보다 먼저 세상을 떠났거나 혹은 허랑방탕하고 불성실하다 할지라도, 비록 모든 재산을 이미 탕진했거나 혹은 그것이 날개를 달고 독수리처럼 날아가 버린다 할지라도, 비록 내 병든 육신이 나를 괴롭게 한다 할지라도 하나님의 약속을 붙잡고 그분을 믿고 의지하십시오.

　하나님은 "내가 결코 너희를 버리지 아니하고 너희를 떠나지 아니하리라"(히 13 : 5, 수 1 : 5)라고 약속하셨습니다. 나의 친구들은 죽어서 나를 떠날지라도 하나님은 늘 살아계십니다. 세상이 주는 위로와 도움은 다 끊어질지라도 나는 "썩지 않고 더럽지 않고 쇠하지 아니하는"(벧전 1 : 4) 영원한 하늘의 유업을 이어받을 자입니다.

하박국 선지지가 모든 것을 이긴 승리자와 같이 선언한 "비록 무화과나무가 무성하지 못하며 포도나무에 열매가 없으며 감람나무에 소출이 없으며 밭에 먹을 것이 없으며 우리에 양이 없으며 외양간에 소가 없을지라도 나는 여호와로 말미암아 즐거워하며 나의 구원의 하나님으로 말미암아 기뻐하리로다"(합 3 : 17-18)라는 고백이 우리의 고백이 되기를 원합니다. 이 말씀에서 믿음으로 사는 법을 배웁시다. 노년을 보내고 있는 우리보다 이러한 믿음과 소망이 더 절실하게 필요한 사람은 없습니다.

믿을 뿐만 아니라 믿는 대로 살아가십시오. 하나님은 말씀을 통해 "오직 오늘이라 일컫는 동안에"(히 3 : 13) 일할 것과 "서로 마음을 써서, 사랑과 선한 일을"(히 10 : 24, 표준새번역) 행할 것을 명하십니다.

육신이 살아 있는 동안 내가 할 일은 결코 끝나지 않습니다. 나이가 들었다는 이유로 전에 하던 일들을 모두 자녀에게 맡겨 버리는 것은 서글픈 일입니다. 그와 같은 잘못을 범한 수많은 노인이 우울한 감정으로 고통받고 있습니다. 오랫동안 활동적으로 살아가던 사람이 갑자기 활동을 멈추고 움직이지 않으면 비참해집니다. 삶의 활력을 공급했던 활력소를 잃어버리니 엉뚱한 방향 전환이 일어나 자기 자신을 갉아먹게 되는 것입니다.

일의 분량을 줄이되 그동안 해 왔던 사업이나 공부, 기타 무엇이든 그것에서 완전히 손을 떼지 마십시오. 우리가 활동을 중단하지 않으면 노인들에게서 나타나는 기능 감퇴나 망령 등의 현상을 예방할 수 있고, 지연시킬 수 있으며, 완화시킬 수도 있습니다.

만약 당신에게 재산이 있다면 노후 생활을 위해 필요한 만큼 보유하고, 결코 사랑하는 자녀에게 의존할 생각을 하지 마십시오. 내가 의존하지 않는 상태에 있을 때 자녀는 나를 더 사랑할 것이며 나를 더 존경할 것입니다.

앞으로의 생계에 대한 염려와 불안으로 남은 생을 소모하지 마십시오. 사람들이 인생의 말년에 이를수록 장래의 호구지책에 대해 더 많은 걱정을 하게 된다니, 참으로 이상한 일입니다. 우리 하나님께서 우리의 쓸 것을 예비해 주실 것입니다.

사도 바울은 우리에게 이렇게 일깨워 줍니다. "아무 것도 염려하지 말고 다만 모든 일에 기도와 간구로, 너희 구할 것을 감사함으로 하나님께 아뢰라 그리하면 모든 지각에 뛰어난 하나님의 평강이 그리스도 예수 안에서 너희 마음과 생각을 지키시리라"(빌 4 : 6-7).

두 번째 편지

인생의 가을에 찾아오는 죄

Sin in the Autumn of Life

나 역시도 나이든 노인 중 한 사람으로서, 인생의 늦가을을 맞은 여러 동료 순례자들에게 이 땅에 사는 동안 부디 유용하게 쓰임받을 수 있도록 노력하라고 말씀드리고 싶습니다. 우리는 노인 특유의 심적·육적 질병에 시달리며 이를 견디기 위해 노력해야 하고, 또 하나님의 크신 도움을 받아야만 합니다. 그렇지만 우리에게는 젊은이들이 갖지 못한 몇 가지 장점도 있습니다. 그것은 바로 경험에서 얻은 귀중한 교훈들인데, 이를 잘 활용한다면 매우 가치 있는 것이 될 것입니다.

젊은이들 대부분이 발견하지 못한 하나님의 섭리에 관

한 교훈을 우리는 알고 있습니다. 우리는 우리가 살아온 과거를 돌이켜보면서 하나님께서 우리를 어떻게 인도해 오셨는지를 깊이 묵상할 수 있습니다. 우리에게 일어났던 많은 사건을 돌아보면 그 당시에는 하필 그 일이 왜, 그때, 그렇게 일어났을까 도무지 갈피를 잡을 수 없었지만, 지금은 모두 하나님 아버지의 지혜로운 계획이었음을 알고 있습니다.

하나님의 섭리에 대한 깨달음은 남에게 전하기가 쉽지 않으며 마치 흰 돌 위에 새겨진 이름(계 2 : 17) 같아서 그것을 깨달은 사람만 알 뿐입니다. 물론 다른 사람에게 우리의 삶에서 연속적으로 일어나고 있는 여러 가지 크고 작은 일들을 설명해 줄 수는 있습니다. 그러나 그 모든 일이 나의 성격, 나의 죄, 나의 기도에 어떤 영향을 어떻게 끼치는가를 이해하는 사람은 오직 자신밖에 없습니다. 하나님의 섭리에 대해서 별로 알고 싶어 하지 않는 사람은 스스로 더 나아지는 삶을 포기한 사람입니다.

그런데 신앙을 고백한 많은 성도들이 그들을 향한 하나님의 섭리에 대해 별로, 혹은 전혀 관심이 없는 것 같습니다. 어쩌면 그들은 큰 재앙을 만나거나 엄청난 위기에 처하여 기적적으로 벗어나는 일을 경험할 때에야 비로소 주의를 기울이며 은혜로운 하나님의 손길을 인정할지도 모릅니다. 그러나 대부분의 경우 평범한 일상에서 일어나는 크고 작은 일조차 모두 하나님의 섭리에 의해 일어나고 있다는 사실을 믿지 않으며 그런 일들이 자신의 어떤 책임이나 이해관계와 연결되어 있다고 믿지도 않습니다.

나는 여러분이 이 땅에 사는 동안 유용하게 쓰임받는 사람이 되기 위해 노력하라는 권면으로 이 두 번째 편지를 시작하였습니다. 그렇게 하기 위해 가장 먼저 해야 할 것은 노인들이 빠지기 쉬운 과오를 주시하며 경계하는 것입니다. 우리 노인들은 침울함을 과묵함으로 착각하거나, 까탈스러움을 엄격함으로 오인하거나, 또 우리가 처한 형편에 대한 불만을 마치 세상과 거리를 두는 것으로 오해하지 않도록 조심해야 합니다.

노인들이 다른 사람들보다 더 까다롭고 더 퉁명스러워야 할 이유라도 있습니까? 경건한 노인에게는 해당되지 않겠지만 사실 그 이유에 대해 설명하는 것은 어렵지 않습니다. 나이가 들어감에 따라 우리의 신체조직은 서서히 변하게 되는데 이때 우리의 감정도 상당한 영향을 받게 됩니다. 그리고 종종 이 자연적인 변화에는 신체적인 질병이 따라옵니다. 신경조직이 점점 퇴화하고 마모됨에 따라 우리의 기분이 침체되고 감정의 기복이 심해지기 쉽습니다.

이 모든 것 위에 인생의 긴 여정에서 누적된 고통과 실망이 더해지면 우리 노인들의 성정은 십중팔구 까칠해집니다. 특히 남성 노인들은 몸과 마음이 노쇠해짐에 따라 오랫동안 익숙하게 잘 수행하던 활동을 더 이상 하지 못하게 되고, 이와 동시에 어릴 때부터 보아 오던 젊은 사람들이 나를 대신해 그 일을 맡아서 하게 되면 마치 세상이 역전이라도 된 것처럼 모든 것이 잘못되어 가고 있다고 느낍니다.

노인들은 흔히 자신이 젊었던 그 시절이 더 좋았다는 말을 하는 버릇이 있고, 그 이후 나타난 모든 새로운 것에 대해 습관적으로 비난하곤 합니다. 또한 노인들은 때로 젊은이들로부터 무시를 당하기도 하고, 심지어 자기 자녀들로부터 존경받지 못한다고 느끼기도 합니다. 이런 경험들은 노인들에게 극도로 수치스러운 일이며 그들에게서 자주 발견되는 부정적인 성질을 조장하고 심화시키는 경향이 있습니다.

그러나 이와 같은 상황 혹은 비슷한 다른 여건들을 참작하여 위에서 언급한 노인들의 약점이나 허물을 진심으로 변호한다고 할지라도 그것이 우리 노인들이 비난받지 않도록 막아 주는 완전한 명분이 될 수는 없습니다. 그리고 노인이 되었다고 반드시 그처럼 바람직하지 않은 성격을 갖게 되는 것은 아니라는 사실은 수많은 사례로 입증되고 있습니다.

어떤 노인들은 한결같이 유쾌한 모습을 보여 주고 언제나 평온한 마음을 지니고 있습니다. 또 다른 노인들은 천성적으로 신경질적인 기질을 소유했지만 나이가 들어가면서 그 기질이 심화될 것이라는 통념을 깨뜨리고 오히려 더 부드럽고 온화하게 변화되기도 했습니다.

우리는 나이가 들고 활력이 저하되면 경건한 모습도 감소되기 쉽다는 통념을 알고 있습니다. 만약 이것이 실제로 흔하게 일어나는 일이라면 실로 개탄할 일이 아닐 수 없습니다. 하지만 아마도 이것은 실제적인 현실이라기보다는 드러난 겉모습일 것입니다.

　노인들이 열정과 기민성을 가지고 삶의 진로를 헤쳐 나갈 수 있도록 경주하려면 열정과 활기가 넘치는 젊은이들보다 더 강한 믿음과 더 뜨거운 성도의 열정을 쏟아야 합니다. 그럼에도 불구하고 나는 노년에 항상 신앙이 차가워지거나 혹은 차가워지는 것처럼 보이는 것만도 아니라는 것을 알게 되어 기쁩니다.

　어떤 성도들은 꾸준히 성장해 가다가 노년에 이르러 그 어느 때보다 더 빠르게 하나님의 은혜 속에서 성장해 가는 것을 명확하게 보여 줍니다. 그들은 하늘 본향에 가까이 다가갈수록 그들의 마음과 그들의 일상적인 대화도 더욱더 하늘에 가까이 가 있습니다. 오, 우리 모두가 그렇게 되기를 기도합니다.

　나의 친구인 여러분에게 한나 모어 여사를 소개하고 싶습니다. 처음 사회에 모습을 드러낸 날로부터 나이가 들어 더는 아무것도 할 수 없었던 날까지 모어 여사는 계속해서 말씀에 대한 지식을 쌓으며 경건한 삶을 지키는 일에 열심이었습니다.

마지막 날까지도 그녀는 자신이 힘써 온 경건생활과 선한 봉사를 통해 주위 사람들로부터 변함없는 존경과 사랑을 받았습니다. 이로 미루어 볼 때, 그녀의 기억력이 심히 쇠퇴하여 자신이 저술한 책의 제목조차 기억하지 못할 때에도 모어 여사의 경건한 모습은 오히려 고양되었고 이웃을 위한 그녀의 선한 행동은 조금도 줄어들지 않았다는 사실을 알 수 있습니다.

지적인 기능이 멈추어서 머릿속에 저장되어 있던 모든 지식이 사라진 것처럼 보이고, 부모가 자기 자녀들을 더 이상 알아보지 못할 지경에 이르렀을지라도 하나님에 대한 신앙이 그에게 있었다면 그 신앙은 여전히 그 심령 속에 남아 있다는 영적인 현실! 이것은 참으로 기쁜 일이 아닐 수 없습니다.

예수 그리스도는 결코 성도의 기억에서 지워지지 않습니다! 경건한 감정은 결코 잊혀지지 않습니다.

키케로는 노년에 대한 그의 짤막하고 아름다운 글에서 기억력 상실에 대해 서술하며 "구두쇠가 자기의 보물을 묻었던 장소를 잊어버렸다는 말을 들어본 적이 없다."라고 말했습니다. 우리의 마음이 가장 소중하게 여기는 것은 우리의 기억 속에 가장 오래 남아 있기 마련입니다.

사람들이 자주 하는 말이 있습니다. "젊은이에게서 발견되는 참된 경건의 모습은 얼마나 아름다운가!" 과연 옳은 말입니다. 그런데 이렇게 말하는 것은 어떨까요? "노인들에게서 발견되는 고결한 경건의 모습은 얼마나 유쾌하고 존경스러운가!" 그렇습니다. 이도 역시 진실로 옳은 말입니다.

우리는 흔히 탐욕은 노인들의 죄라고 말합니다. "구두쇠 노인"이라는 말은 우리가 흔히 듣지만 "구두쇠 젊은이"라는 말은 자주 듣지 못합니다. 평생 이 세상을 사랑하며 살아온 사람들은 자신의 보물을 부둥켜안고 살 것이며, 다른 소유물을 잃게 될 때에는 더욱더 그 보물에 집착할 것입니다. 이러한 악한 성향은 노인이 되면서 새롭게 생기는 것이 아니라 어린 시절에 뿌려진 씨앗이 자라 맺힌 열매일 뿐입니다. 물론 노년에 이르러 더욱 깊이 그 뿌리를 내린 것이겠지만 말입니다.

　이것은 더 많은 재물을 얻으려는 욕심이라기보다는 이미 소유하고 있는 재물을 움켜쥐고 사용하지 않으려는 인색함의 문제입니다. 돈을 쓸 생각이 없이 모아 두기만 하는 구두쇠의 어리석음은 쉽게 드러나기 마련이며 이는 사람들의 조롱거리가 되곤 합니다. 본능적인 욕구를 채우기 위해 우리에게 필요한 분량 이상으로 열망하는 세상적인 모든 것이 결국 어리석은 것임이 드러날 수 있습니다. 이 세상 사람들이 무엇을 하든지 간에 신앙을 고백하는 성도들은 세상에 대한 지나친 사랑으로 인해 우리의 신앙이 부끄러움을 당하지 않도록 해야 합니다.

　특별히 우리와 같은 노년의 성도들은 탐심을 드러냄으로써 그 믿음이 의심을 받지 않도록 해야 할 것입니다. 우리의 위대한 스승이신 예수님은 "삼가 모든 탐심을 물리치라 사람의 생명이 그 소유의 넉넉한 데 있지 아니하니라"(눅 12 : 15)라고 교훈하셨습니다. 대부분의 사람은 가진 것이 많지 않은 상태로 이 세상을 살아갑니다. 그러나 가족의 수가 늘어나면서 생계를 유지하기 위해 근면과 절약을 실행하며 열심히 일할 필요가 생겨납니다. 그런 과정에서 필요나 의무라는 명분 아래 종종 탐심이 일어나게 되고, 그 위험을 인지하기도 전에 탐심은 영혼 속에 깊숙이 뿌리를 내립니다. 하지만 실제로 눈에 띄는 죄악을 행하거나 드러나게 다른 이를 속이고 있지 않은 사람에게 마음속에 숨겨진 죄인 탐욕에 대해 말하는 것은 거의 불가능합니다.

사랑하는 노인 친구 여러분, 당신이 선을 행하기 위한 목적으로 재물을 모으는 것이 아니라면 이제 우리는 재물을 축적하려는 노력을 버릴 때가 되었다는 말씀을 드리고 싶습니다. 우리는 우리의 마음이 간사하다는 사실을 명심해야 합니다. 우리 마음속에 있는 탐욕은 선을 행하기 위해 재물을 더 모으라며 속삭일 것입니다.

그러나 간단한 실험으로 자신을 시험해 보십시오. 하나님께서 주신 재물을 예수 그리스도의 이름을 위해서, 하나님 나라의 확장을 위해서 기꺼이 쓰고자 하는 마음이 여러분에게 있는지 스스로 질문해 보십시오. 만일 여러분이 현재 가지고 있는 모든 재물을 하나님의 영광을 위해 지금 당장 아낌없이 내어놓을 마음이 있다면 재물을 더 얻고자 노력하는 여러분의 노력은 타당할 것입니다.

그러나 여러분이 지금 소유한 것이 무엇이든, 또 앞으로 어떤 세상적인 것들을 얻게 되든, 여러분의 영혼을 위해서 이 세상의 썩어질 것들에 애착을 가지지 마십시오. 가진 재물이 넉넉한 것에 자부심을 갖지 마십시오. 이 땅에 사는 동안 선을 행하는 일과 내가 가진 것을 다른 사람과 나누는 일에 힘을 쓰십시오. 우리는 지금 소유하고 있는 재물을 관리하는 청지기에 지나지 않으므로 우리에게 맡겨진 것을 나누는 일에 성실해야 합니다.

지금까지 내가 가진 재물을 축내지 않기 위해 인색한 생활을 해 왔다면 지금부터는 지혜롭게, 그리고 후하게 남에게 나누어 주는 생활을 해 보십시오. 그러면 "주는 것이 받는 것보다 복이 있다"(행 20 : 35)고 하신 그리스도의 말씀을 체험으로 확인하게 될 것입니다.

이전에 우리가 넉넉한 삶을 살았든 혹은 지극히 고통

스러운 삶을 살았든 노년에 이르면 거의 필연적으로 각종 역경을 만납니다. 혹시 친구들이 아직 생존해 있다고 해도 우리는 그들이 결국 다 떠날 것임을 압니다.

비록 우리가 이제까지는 건강상 아무런 문제없이 지내 왔을지 모르나 앞으로 질병과 고통이 찾아올 수 있다는 것을 미리 생각해야 합니다. 우리가 늙어 가는 현상 그 자체가 자연법칙에 따라 모두가 앓게 되는 질병이라고 할 수 있으며 오직 죽음으로써만 이 병에서 벗어날 수 있습니다. 존 뉴턴 목사는 그가 삶의 끝자락에 쓴 편지들 중 한 통에서 자신이 앓고 있는 유일한 병이 노령이라는 불치의 병이라고 썼습니다.

그렇다면 사랑하는 친구 여러분, 우리에게 닥칠지도 모르는 역경 속에서 인내하며 즐거운 마음으로 감내하는 좋은 본을 이웃에게 보입시다. 대단한 활동이 없어도 조용한 중에 미덕을 보이는 것이 많은 활동을 하면서 미덕을 보이는 것보다 어렵습니다. 하나님께서는 큰 열정과 노력으로 이루어 낸 우리의 놀라운 성취보다 역경 속에서 그분의 뜻에 조용히 따르는 순종을 통하여 더 큰 영광을 받으실 것입니다.

동시에 우리는 우리 스스로 할 수 있는 것이 하나도 없다는 것을 잊지 말아야 합니다. 하나님을 향한 우리의 모든 선한 생각과 소원은 오로지 하나님의 은혜에서 나올 뿐입니다. 우리가 하나님을 의지하고 산다면 우리는 결코 수치를 당하지 않을 것입니다.

세 번째 편지

인생의 가을에 주어진 의무

Duty in the Autumn of Life

삶의 마지막이 가까워졌다고 해서 영적인 현실에 대한 인식이 더 깊어지거나 영원한 것들에 대한 관심이 많아지는 것만도 아닙니다. 이 뜻밖의 실상에 여러분은 스스로 놀란 적이 있었을 것입니다. 마치 우리가 어딘가로 이동할 때 나 자신은 정지되어 있고 주변의 사물들이 움직이고 있는 것처럼 착각하듯이, 우리는 정체되어 있고 의식하지도 못하는 사이에 시간만 미끄러지듯 우리 곁을 흘러가는 것처럼 느껴지기도 합니다.

늙었다는 상황 그 자체가 영혼 구원에 강한 관심을 갖도록 하는 데 영향을 미치지는 않는 듯합니다. 신앙적인 문제와 관련하여 많은 사람이 죽기 직전, 무덤 바로 앞에서 무너질 듯이 휘청거리는 것이야말로 정말로 보아야 할 것을 보지 못하는 어리석은 일로 보입니다. 사실 이런 일은 어려서부터 신앙 없이 살아온 노인들이나 젊어서부터 은혜의 방편을 누리기만 하며 살아온 노인들에게 아주 흔하게 일어나는 일반적인 사실이기 때문에 이들에게 회심을 기대하기는 매우 어렵습니다.

또 신실한 성도들이 늙고 병들었다고 하여 영원한 것에 대한 경이로움과 그 중요성을 더 깊이 깨닫게 되는 것도 아닙니다. 진실을 말하자면 성령의 역사에 의해 믿음의 분량이 커지는 것만이 그에 대한 유일한 답이며, 곧 다가올 변화에 우리 자신을 효과적으로 잘 준비시킬 수 있는 유일한 길입니다.

하나님께서는 수단과 방편을 통하여 역사하기를 기뻐하시므로 다른 성도의 조언과 권고를 소홀히 해서도 안 됩니다. 그러므로 지금 나의 마음에 떠오르는 몇 가지 조언을 여러분께 말씀드리려고 합니다.

우리 노인들에게 고질적으로 따라다니는 질병이나 죄의 문제에 대해서는 이미 언급했으므로 이 편지에서는 특별히 우리에게 의무로 맡겨진 소임이 무엇인지 살펴보려고 합니다. 주님은 우리 노인들에게 무엇을 하라고 하실까요?

의심의 여지 없이, 우리에게는 마치 모든 일을 다 마친 것처럼 팔짱을 끼고 앉아 빈둥거릴 특권이 없습니다. 사실 모든 직업 전선에서 물러나는 것을 결코 특권이라고 할 수는 없을 것입니다. 나이가 들었든, 젊든 할 일 없이 지내는 삶은 비참한 것입니다. 왜냐하면 인간은 결코 아무 일도 하지 않고 살도록 지음받은 존재가 아니며 우리의 행복은 적극적인 활동을 하는 것과 더욱 긴밀하게 연결되어 있기 때문입니다.

우리 노인들은 체력이 많이 요구되는 종류의 일은 더 이상 할 수 없습니다. 우리 중 누군가는 이미 질병으로 몸이 쇠약해졌거나 불구가 되어 정상적으로 몸을 움직이지 못할지도 모릅니다. 또 극심한 통증으로 심히 괴로워하는 사람도 있을 것입니다. 그럼에도 불구하고 우리에게는 여전히 하나님과 우리 세대에 함께 살고 있는 다른 사람들을 위해 수행해야 할 일이 있습니다.

만약 육체적인 노동에 필수적인 손과 발을 더 이상 사용할 수 없게 되어 우리가 늘 하던 일을 할 수 없게 된다 해도 우리는 입을 사용하여 우리 구주 하나님을 찬양할 수 있습니다. 주변에 있는 사람들에게 충고의 말을 건넬 수도 있습니다. 특히 노인들은 자신이 다가갈 수 있는 주위의 젊은 이들이나 자신과 친분이 있는 젊은이들에게 도움이 될 만한 말을 해 줄 의무가 있습니다. 나이 든 성도는 누구나 오랜 신앙 연륜을 통해 얻은 다양한 지식이 있을 것이므로 이를 다른 사람들이 실제로 적용할 수 있도록 그들과 소통할 준비가 되어 있어야 합니다.

사랑하는 노인 친구 여러분, 우리는 왜 남에게 도움을 줄 수 있는 많은 기회를 그냥 지나치기만 할까요? 우리의 양심이 하나님의 뜻을 따라 담대히 말하라고 촉구할 때 왜 우리는 자주 입을 다물고 침묵할까요? 어째서 우리는 무익한 대화로 많은 시간을 소비하면서 듣는 사람들에게 유익이 될 만한 말을 하려는 시도는 거의 하지 않을까요? 우리는 배우지 못했다, 말주변이 좋지 않다, 혹은 정확하게 표현하지 못한다 등의 핑계를 대며 변명을 늘어놓을 수 있습니다. 그러나 정직하게 말하면 우리의 마음이 이런 것들에 거의 관심을 갖지 않는다는 것이 진짜 이유가 아닐까요?

물론 우리가 실제로 느끼지도 않은 감정을 가장하여 말함으로써 위선자처럼 행동하는 것에는 동의하지 않습니다. 우리는 냉랭하고 강제적인 태도로 신앙과 관련한 대화를 시작하려는 사람들에 대해 종종 거북하다고 느끼기도 합니다.

이를 통해 우리는 어디에 문제가 있는지 쉽게 알 수 있습니다. 문제는 바로 우리 자신의 마음입니다. 그러므로 우리는 우리의 마음 상태가 더 나아졌다는 것을 확인할 때까지 절대로 쉬지 말아야 합니다. 우리의 마음이 습관적으로 성령 하나님의 영향 아래 놓이도록 하면 같은 주제에 대한 우리의 대화도 쉽사리 자연스럽게 이루어질 수 있을 것입니다.

성경은 "마음에 가득한 것을 입으로 말함이니라"(눅 6 : 45)라고 우리를 일깨워 줍니다. 물론 우리는 신앙에 대한 이야기를 나누는 것이 적합하지 않은 모임이나 경우를 분별해야 합니다. 그것은 돼지 앞에 진주를 던지는 것과 같기 때문입니다(마 7 : 6). 하지만 대부분의 경우, 나이든 사람은 다른 사람에게 불쾌감을 일으키지 않고 때에 맞는 경건한 진리의 말씀을 선포할 수 있습니다. 때에 합당한 한 마디의 말은 한 영혼을 구원할 수도 있으며, 부모와 신실한 친구의 조언과 권고는 그들이 세상을 떠나 땅속에 묻힌 후에도 다른 사람의 기억에 오래도록 남아 큰 유익을 끼치기도 합니다.

나는 이제는 더 이상 몸을 사용하여 남을 섬기는 일을 할 수 없게 된 노인들이 무익해져 버린 자신의 삶이 너무 오래 지속되는 것에 놀라워하는 것을 보았습니다. 그런가 하면 열심히 수고하던 하나님의 종들이 젊은 나이에 갑자기 세상을 떠나는 일을 보기도 했습니다. 하나님의 섭리는 실로 헤아릴 수 없는 신비입니다.

성경은 "그의 판단은 헤아리지 못할 것이며 그의 길은 찾지 못할 것이로다"(롬 11 : 33)라고 증언합니다. 우리는 하나님의 지혜에 대해 모르는 것이 너무 많기 때문에 그와 같은 일을 판단할 수 없습니다. 그러나 이 세상에서 자신이 더 이상 쓸모없는 존재가 되었다고 생각하는 이들에게 말해 줄 것은 하나님께서 이 땅의 피조물들에 의해 영광을 받으신다는 것과 하나님께서 요구하시는 봉사의 본질에 대해 우리가 판단할 수 없다는 사실입니다.

진정한 순종은 마음에서 비롯되며 사랑하는 마음이 그 근본이 됩니다. 의무와 책임은 외적으로 수행되는 것이지만 그것이 거룩한 동기에서 행해질 때에만 거룩한 섬김이 되는 것입니다. 그러므로 하나님 앞에서 그 마음이 바로 서 있다면 나이 든 노인도 진실하고 뜨겁게 하나님을 섬길 수 있습니다.

사랑이 넘치는 마음으로 하나님의 영광스러운 이름을 생각함으로써, 하나님의 속성을 깊이 묵상함으로써, 그리고 하나님께 드리는 사랑과 감사를 드러냄으로써 하나님을 영화롭게 할 수 있습니다.

어떤 분들은 이 땅에 오래 머물면서 교회와 세상을 위해 많이 기도할 수 있을 것입니다. 모든 활동과 분주함, 그리고 열심이 다 지나간 후에 결국 우리 힘없는 인생들이 할 수 있는 봉사 중에 기도만큼 효력이 있는 것이 없기 때문입니다. 이것이 바로 노인들이 헌신적으로 할 수 있는 봉사입니다. 여호수아와 그의 군사들이 아말렉의 군사들과 전투할 때 모세는 손을 들어 기도함으로써 전투를 도왔습니다. 그가 피곤하여 더 이상 손을 들 수 없게 되었을 때는 한쪽 손은 아론이, 다른 쪽 손은 훌이 붙들어 줌으로써 기도를 계속할 수 있었습니다(출 17 : 8-13).

여러분이 만일 설교를 할 수 없다면 설교자를 위해 기도함으로써 그를 도울 수 있습니다. 모든 것을 뒤로하고 오지로 복음을 들고 간 선교사를 위해 매일 뜨겁게 기도함으로써 기도 중에 그 선교사와 동행하며 선교사역에 동참할 수 있습니다. 하나님의 은혜의 보좌 앞에 나아갈 수 있는 한, 여러분의 삶은 결코 무익하지 않습니다.

그리스도께서 이 땅에 강생하시기 전에 그의 오심을 위해 기도하게 하시려고, 그리고 믿음으로만 끌어안고 있던 기도 응답을 실제로 품에 안는 기쁨을 맛보게 하시려고 오랫동안 세상에 두신 노인들이 있었습니다. 영적인 죽음과 황폐함이 가득하고, 위로는 제사장으로부터 그 아래의 모든 계층에 이르기까지 부패와 부정이 만연하던 그때, 아주 소수의 사람들만이 성전에 머물거나 자주 드나들며 이스라엘의 위로를 기다리고 있었습니다. 시므온과 안나는 바로 그들 중에 있었습니다.

대단히 경건하고, 또 심히 늙은 과부였던 안나는 성전을 떠나지 않고 밤낮으로 금식하고 기도하며 하나님을 섬겼습니다. 성경에는 안나가 그리스도를 목도한 뒤 "하나님께 감사하고 예루살렘의 속량을 바라는 모든 사람에게 그에 대하여 말"(눅 2 : 38)했다고 기록되어 있습니다. 시대가 어두울수록 참으로 경건한 자들은 서로 더욱 가까워지는 법입니다. 기도하는 이 작은 무리의 사람들은 서로를 알았고, 당연히 서로 자주 이야기를 나누었고, 그들에게 기도 제목과 기도의 소원을 주신 주님은 귀 기울여 그들의 대화를 들으셨습니다.

성전을 떠난 적이 없었고 금식과 기도하는 것 외에는 아무것도 하지 않았던 안나의 삶이 무익한 것이라고 말할 수 있겠습니까? 몸을 쓰는 일을 하기에는 너무 나이가 많았던 시므온은 교회에서 쓸모없는 사람이었습니까?

　진실을 말하자면, 이때 하나님의 참된 교회는 소수의 경건한 영혼들에 국한되어 있었으며 이와 같은 현상은 다른 시대에서도 종종 발견됩니다. 그 당시 제사장, 서기관, 그리고 지도자들은 교회와 조금도 상관이 없는 사람들이었습니다. 하나님께서는 시므온에게 하셨던 약속대로 그가 그리스도를 볼 때까지 그의 생명을 보존해 주셨습니다.

　나의 형제자매들이여! 이처럼 이스라엘의 구원이 시온에서 나오는 것을 볼 때까지 하나님께서는 여러분 중 어떤 이의 생명을 연장시켜 주실 수도 있을 것입니다.

　여러분은 교회의 부흥과 영광의 증인이 되고 싶지 않으십니까? 그렇다면 교회, 곧 예루살렘의 평강과 번영을 위해서 쉬지 말고 기도해야 합니다. 하나님 나라의 도래를 위해 기도하는 일을 우리의 가장 중요한 책임으로 여겨야 합니다. 비록 시대적 상황이 실망스러울지라도, 비록 우리가 어려운 시기에 살고 있다고 할지라도, 비록 교회가 흔들리고 교회 성장에 대한 전망이 어두울지라도 우리는 하나님의 교회는 반석 위에 세워졌으며 지옥문이 결코 교회를 이길 수 없다는 것을 기억해야 합니다.

그리스도를 모시는 배는 큰 폭풍우를 만날지라도 파선될 위험이 없습니다. 다스리고 인도하는 책임은 결코 우리에게 있지 않습니다. 우리의 책임은 기도하는 것, 즉 쉬지 않고 기도하는 것이며 언약의 천사와 씨름하는 것, 즉 우리를 축복할 때까지 그를 놓아주지 않는 것입니다. 하나님께서 예루살렘을 회복시키시고 온 땅의 찬송이 되게 하실 때까지 우리는 그 천사를 붙잡고 있어야 합니다.

끈질기게 간청하는 것은 결코 잘못이 아닙니다. 그렇게 함으로써 우리는 확실하게 기도의 응답을 얻어낼 수 있습니다. 예수님은 불의한 재판관의 비유를 들려주시며 "하나님께서 그 밤낮 부르짖는 택하신 자들의 원한을 풀어 주지 아니하시겠느냐 그들에게 오래 참으시겠느냐"(눅 18 : 7)라고 말씀하셨습니다. 그러므로 우리는 절대로 잠자코 있지 말고, 살아 숨쉬는 한 하나님의 은혜로운 약속이 성취되기까지 계속 간구해야 합니다.

마침내 물이 바다를 덮음같이 온 땅이 하나님의 지식으로 가득 차고(사 11 : 9) 하나님의 백성이 모두 의롭게 되어 "그들이 다시는 각기 이웃과 형제를 가르쳐 이르기를 너는 여호와를 알라 하지 아니하리니 이는 작은 자로부터 큰 자까지 다 나를 알기 때문이라"(렘 31 : 34)라는 말씀이 성취될 때까지 우리의 간구는 계속되어야 합니다.

또한 감사는 우리 노인들에게 부과된 특별한 의무입니다. 대부분의 동년배들은 이미 세상을 떠났지만 여러분은 하나님의 섭리로 지금까지 생존해 있습니다.

여러분 중에는 지금까지 쭉 형통한 인생을 살아오신 분도 계실 것입니다. 나에게 베풀어 주신 하나님의 섭리를 깊이 생각해 보십시오. 내가 태어난 시대, 장소, 환경, 나를 양육해 주신 경건하고 지혜로운 부모님, 내 평생에 항상 함께하신 주의 선하심과 인자하심, 나에게 허락하신 친구들과 신실한 선생님들, 건강, 판단력, 그에 더한 풍성하고 특별한 신앙적인 은혜……. 아, 얼마나 감사해야 충분할는지요!

그러나 이 모든 것보다 내가 더 크게 감사해야 할 것은 하나님께서 그분이 정하신 선한 때에 죄악의 어긋난 길에서 나를 불러내셔서 그분의 양자로 삼으시고 그분의 권속이 되게 하셨다는 사실입니다. 나를 다른 사람을 위한 선행의 도구로 삼아 주셨고, 비록 대단하지 않을지라도 내 가정과 내가 속한 교회에서 선을 베푸는 사람으로 만들어 주셨습니다.

또한 지금 이 모든 복 위에 복을 더하여 하나님께서 나에게 경건한 자녀를 주시고, 그 자녀가 내가 이 세상을 떠날 때 남기는 빈자리를 채울 것을 약속한다면, 더 나아가 그 자녀가 부정한 길과 수치스럽고 부도덕한 삶에서 보호하심을 받고, 거기서 더 나아가 복음을 증거하는 설교자가 되는 것에 진지한 관심을 보인다면 주님께 드릴 감사는 어떤 말로도 다 표현할 길이 없을 것입니다.

자비가 영원하신 주님의 이름을 끊임없이 찬양해야 할 의무 또한 마찬가지입니다. "그러므로 우리는 예수로 말미암아 항상 찬송의 제사를 하나님께 드리자 이는 그 이름을 증언하는 입술의 열매니라"(히 13 : 15).

네 번째 편지

인생의 가을에 죽음을 마주하기

Facing Death in the Autumn of Life

사랑하는 친구들이여, 그대들에게 말씀드리고 싶은 마지막 주제는 이 세상을 떠나는 엄숙한 이별에 관한 것입니다. 장래의 일은 그것이 무엇이든 모두 불확실하지만 우리의 죽음은 의심의 여지 없이 확실합니다.

"한 번 죽는 것은 사람에게 정해진 것이요"(히 9 : 27).

"내가 아나이다 주께서 나를 죽게 하사 모든 생물을 위하여 정한 집으로 돌려보내시리이다"(욥 30 : 23).

"내가 스올이 내 집이 되기를 희망하여"(욥 17 : 13).

그 누구도 피할 수 없는 죽음은 계시의 음성을 들어야 확인할 수 있는 것이 아닙니다. 그 증거가 우리 눈앞에 매일 드러납니다. 수많은 사람이 매일 죽어 눈을 감습니다. 무덤은 결코 채울 수 없으며 족하다 하지도 않습니다.

오직 두 번의 예외, 에녹과 엘리야를 제외하면 이 땅에 생존했던 모든 사람이 육신이 무너지는 죽음을 피할 수 없었습니다. 그리고 앞으로 올 모든 세대도 이와 같은 길을 따라갈 것이 확실합니다. 이것은 그리스도께서 능력의 천사들과 함께 하늘로부터 구름을 타고 영광스러운 모습으로 강림하실 때까지 계속될 것입니다. 그리스도께서 강림하실 때 이 땅에 살아 있는 성도는 죽음을 당하지 않고 신령한 몸으로 변화를 받게 될 것입니다. 사도 바울은 "보라 내가 너희에게 비밀을 말하노니 우리가 다 잠 잘 것이 아니요 마지막 나팔에 순식간에 홀연히 다 변화되리니 나팔 소리가 나매 죽은 자들이 썩지 아니할 것으로 다시 살아나고 우리도 변화되리라"(고전 15 : 51-52)라고 말했습니다.

만약 우리가 이 세상을 떠나기 전에 주님이 재림하신다면 우리는 죽음을 맛보지 않을 것입니다. 그렇지만 우리는 이런 실낱같은 가능성을 맹목적으로 소망하며 바랄 수 없습니다. 성경에 기록된 예언의 말씀은 우리로 하여금 장차 우리 앞에 이 세상의 여러 시대가 펼쳐질 것이고, 모든 민족에게 복음이 선포될 뿐만 아니라 모두가 복음을 받아들이게 되는 영광스러운 교회 시대가 도래하여 "물이 바다를 덮음 같이 여호와를 아는 지식이 세상에 충만할"(사 11 : 9, 합 2 : 14) 때가 오리라는 것을 확신하게 하기 때문입니다.

죽음. 그것은 자연적인 시각으로만 본다면 과연 끔찍한 일입니다. 흔히 질병이나 노후의 쇠약함에 이어 죽음이 찾아옵니다. 영혼과 육체의 분리는 보통 발작적인 경련과 극심한 고통을 동반하기에 이것을 흔히 "단말마의 고통" 혹은 "임종의 괴로움"이라고 표현합니다.

이것은 분명 자연스러운 일이 아닙니다. 다시 말하면 인간의 본질적인 요소인 영혼과 육체는 서로 분리시킬 수 없으며 이와 같은 분리는 어떤 강제적인 힘에 의해 야기되는 억지 현상이라는 것입니다. 영혼은 가능한 한 육체에 결합된 상태를 강력하게 유지하려 하며 가능한 모든 수단을 동원해 육체에서 분리되지 않으려고 저항한다는 사실에는 다른 증거가 필요하지 않습니다.

    때로 어떤 이들은 삶을 스스로 마감하거나 육체를 떠나고 싶어 하는 욕구를 가진 사람들의 경우를 제시하며 영혼과 육체의 밀착 관계에 대하여 이의를 제기하기도 합니다. 하지만 그와 같은 사례들은 삶의 애착보다 강렬할 수 있는 부자연스러운 동기의 가능성을 말해 주는 것일 뿐이므로 반론의 근거가 될 수 없습니다.

    영혼과 육체의 분리에 따른 고통과 괴로움 외에도 우리는 우리에게 닥치는 환경적인 요인들로 인해 죽음을 혐오하게 됩니다. 죽음은 이 땅에서 친숙해진 사람들, 익숙해진 모든 것으로부터 우리를 강제적으로, 그리고 영구적으로 분리시키기 때문입니다. 우리는 죽을 때 내 생명처럼 소중한 사람들, 사랑하는 친구들과 가족들에게 마지막 작별을 고합니다. 남편은 아내와 헤어지고, 부모는 자녀와 나뉘고, 형제와 자매는 서로를 떠나고, 때론 형제보다 더 가까웠던 친구들도 갈리게 됩니다.

죽음은 가장 친밀했던 모든 관계들이 강제로 분리되는 시점입니다. 오랫동안 익숙해진 눈에 익은 장면들, 긴긴 세월 살아왔던 집, 성도들과 함께 예배드리던 교회……. 이 모든 것을 뒤로하고 떠나야 합니다. 할아버지의 안락의자는 주인을 잃은 빈 의자가 되었고, 교회에서 그가 늘 앉던 자리도 텅 비었습니다. 그가 속했던 모임은 사슬처럼 이어졌던 연결고리가 끊어지고, 그가 하던 일은 멈추거나 다른 사람에게로 이관됩니다.

사랑하는 여러 친구들을 뒤에 남기고 떠나는 사람은 깊은 고통의 순간이 닥친다는 예감을 떨칠 수 없습니다. 그는 눈을 감기 전에 생명이 꺼져 가는 자신의 침대 주위에 모여 슬퍼하는 사람들이 자신의 마지막 표정을 놓치지 않으려고 주의를 기울이고, 곧 다시는 듣지 못하게 될 자신의 마지막 음성을 듣기 위해 귀를 기울이는 것을 봅니다.

성실하게 살아온 사람의 임종 자리에서 빚어지는 가장 비통한 상황 중의 하나는 바로 그를 사랑했던 사람들이 흘리는 가슴 에이는 눈물입니다. 비록 다소 다른 상황이긴 합니다만 그는 사도 바울이 했던 말을 빌려 자신의 심경을 표현할 수도 있을 것입니다. "여러분이 어찌하여 울어 내 마음을 상하게 하느냐"(행 21 : 13).

혹여 죽어 가는 사람과 가까웠던 이들이 자신, 그리고 빈사 상태의 당사자가 겪는 견딜 수 없는 이별의 고통을 덜기 위해 슬픔의 현장에서 빠져나갈 수도 있습니다. 그러나 이러한 시도는 극심한 고통을 전혀 덜어 주지 못하며 덜어 준다 할지라도 극히 미미한 정도일 뿐입니다.

마지막 숨을 헐떡이는 남편이 평생 기쁨과 슬픔을 나누었던 사랑하는 아내가 그 자리에 없는 것을 알아챈다면 그는 그녀가 보이지 않는 곳에서 눈물을 쏟고 있다는 사실을 알 것입니다. 아내로 하여금 임종하는 남편의 침상 곁을 지키게 하십시오. 남편의 떨리는 차가운 손을 아내가 마지막까지 잡아 주게 하십시오. 남편으로 하여금 그가 가장 사랑하는 사람에게 자신의 마지막 눈길을 주는 위로를 누리게 하십시오.

작별하는 상황에 관한 한, 앞서 보내는 사람이 남편이건 아내이건 별다른 차이가 없습니다. 그럼에도 불구하고 뒤에 홀로 남게 되는 배우자를 더욱 애처롭게 여기고 연민을 베푸는 것이 마땅합니다. 주 안에서 죽은 자들은 모든 수고를 그치고 쉬게 된 복된 자들이기 때문입니다(시 116 : 15, 계 14 : 13).

그러나 홀로 뒤에 남아 생존해야 하는 배우자는 슬픔을 견뎌야 합니다. 황량한 심정으로 하루 종일 애도하며 헤어나올 수 없는 슬픔과 우울함에 잠겨 그 머리를 아래로 떨군 갈대같이 살아갑니다. 그럼에도 불구하고 나는 경건한 성도의 죽음에 대한 애도는 지나치지 않도록 절제되어야 하며 흘리는 눈물도 곧 닦을 수 있어야 한다고 생각합니다. 먼저 이 세상을 떠난 사랑하는 친구들을 위하여 우리가 바라는 것 중에서 그가 안전하게 아브라함의 품에 안겨 지내는 것보다 더 나은 것이 무엇이 있겠습니까! 그곳에서 그들은 이 세상에서 감히 바랄 수도 없었던 "좋은 것들"을 만끽하고 있을 것입니다.

그러나 사랑하는 이들의 죽음에 대해 특별히 나이든 사람들이 책임을 느껴야 하는 경우도 있습니다. 말씀에 비추어 보았을 때 소망이 없는 삶을 살아갔던, 마침내 그 소망이 없는 삶에서 벗어났다는 사실만이 유일한 위로가 되는 경우입니다. 그들이 심판, 곧 지옥의 심판을 받아야 한다는 생각을 하기만 해도 나의 심령이 떨리곤 합니다. 자비의 하나님께서 신앙이 돈독한 모든 이들이 이와 같은 일을 겪지 않게 막아 주시기를 기도합니다.

만약 죽은 사람의 생전에 우리가 해야 할 바를 한결같이 성실하게 수행했다고 스스로 확신할 수 있다면 그 충격이 그리 심하지 않을 수도 있습니다. 그러나 한결같이 신실하지 못했던 것에 대한 회한이 사별로 인한 슬픔과 뒤섞이면 그 잔은 상상할 수 없을 만큼 쓰디쓴 맛일 것임에 틀림없습니다. 때로 이와 같은 상황에 대해서 극단적인 입장을 취하는 기독교인들을 만나곤 했는데 이것은 잘못된 것이라고 생각합니다.

어느 덕망 있는 성직자가 사랑하는 아들을 잃었습니다. 알려진 바에 의하면 그 아들은 진정한 회개를 하지도 않았고 주 예수 그리스도에 대한 신앙고백도 없었습니다. 사랑하는 아들이 영원토록 비참한 상태에 빠졌다는 것을 생각하면 아버지는 견딜 수가 없었습니다. 그리하여 그 아버지는 자신이 믿는 신학적인 모든 가르침에 어긋나는 오류에 집착하여 자신의 괴로운 마음을 달래려고 했습니다. 그가 나에게 말했습니다. "나의 아들은 다정했으며 복음을 들으며 자랐고 기독교의 가르침을 인정했습니다. 비록 아들에게 중생의 체험이 없었다 할지라도 자비로우신 하나님께서 과연 내 아들을 지옥에 떨어뜨려 영원히 고통받게 하실까요? 아무리 생각해도 하나님께서 그렇게 하실 것 같지가 않습니다."

아! 도움과 위로가 절실한 선량한 사람들이 그와 같은 오류에 빠지는 상황이 너무 슬픕니다. 그러나 안타깝게도 이는 신앙을 고백하는 많은 성도들의 삶에서 나타나는 모습이기도 합니다. 그들은 중생의 교리를 인정하며 이를 신앙고백이나 신학적인 이론으로 동의하긴 하지만 실천적인 삶에서 드러나는 구체적인 믿음은 그와 전혀 다른 것을 알 수 있습니다.

진실한 신앙고백을 하지 않았던 쾌활하고 발랄한 젊은 여성이 급성질환으로 죽었습니다. 모든 일이 순식간에 벌어져 목사님이나 믿음을 가진 친구들이 그녀와 마지막 대화를 나눌 기회조차 없었습니다. 어떤 독실한 성도가 영적으로 전혀 준비되어 있지 않았던 고인의 상태를 슬퍼하며 한탄하였습니다. 그러나 이름만 기독교 신자인 사람들은 영적으로 중생하지 않은 자에 대한 성경의 이 명백한 가르침을 믿는 것이 사랑이 없는 편협함의 증거라고 말하며 분개했습니다.

이와 상반되는 또 다른 극단적인 입장은 심령이 변화되었다는 증거를 보이지 않은 채 사망한 사람에 대해 독단적인 결론을 내리는 것입니다. 제가 잘 아는 실화를 예로 들어 설명해 드리겠습니다.

불같은 성정을 지닌 어느 열혈 목사님의 동생이 말을 타다 나무에 머리를 부딪혀 나가떨어지며 갑자기 사망했습니다. 이 젊은이가 술에 탐닉하여 술독에 빠져 살았던 것은 누구나 잘 알고 있었습니다. 동생의 시체를 안치한 집에 들어선 목사님은 동생의 얼굴을 덮고 있던 천을 벗긴 후 잠시 숙연히 멈추었다가 "감각이 없는 네 육체는 여기 누웠건만 너의 영혼은 지옥 불에 타고 있구나!"라고 소리 내어 말했습니다. 당시 방 안에 가득 차 있었던 사람들이 들었던 이 말 역시 극단적인 입장을 보여 주는 것입니다.

이 같은 상황에 적절한 바른 가르침은 말씀의 진리와 일치하는 범주 안에서 그 자리에 함께한 이들이 죽은 사람에 대한 소망을 가질 수 있게 하는 것이어야 합니다. 물론 그렇다고 하여 "신앙을 부인하며" 상처받은 영혼들을 위로하려 하지는 말아야 합니다.

죽은 사람에게 변화받은 삶의 증거가 전혀 없었다 할지라도 우리는 사망 직전, 마지막 순간에 그에게 심령의 변화가 있었을 수도 있다는 가능성에 호소할 수도 있습니다. 하나님 자신도 제한하지 않으시는 하나님의 권리를 제한할 수 있는 자가 누구입니까? 그러나 이와 같은 의견이나 희망 사항을 표현하는 것은 대단히 위험한 일입니다. 자칫 죄인들로 하여금 육신적인 안위에 빠져들게 할 수도 있기 때문입니다. 그러한 경우에는 차라리 아무 말도 하지 않고 침묵하는 것이 훨씬 더 좋습니다.

제가 아는 어떤 목사님들은 죄인들이 회개를 뒤로 미루지 않기를 열망한 나머지 다른 견해를 첨가하여 가르치

기도 합니다. 그래서 임종 시에 하는 회개는 구원을 확신할 수 없을 뿐만 아니라 전혀 효력이 없으며, 마지막까지 회개하지 않는 사람들은 당연히 그 어떤 소망도 가질 수 없다고 강변합니다. 실제로 병상에서는 회개하는 것처럼 보였던 많은 사람들이 건강을 회복한 후에 그들의 진지했던 모습을 잃어버리고 세상을 추구하는 삶으로 돌아갑니다. 이를 통해 그들의 회개는 거짓으로 드러납니다.

물론 임박한 죽음으로 인해 격발되는 모든 두려움을 회개라고 생각해서는 안 됩니다. 성경에서 말하는 회개는 죄를 용서받는 것과 연계되어 있으므로 실제로 가치관이 변하고 성정이 변합니다. 회개로 인해 옛것은 지나가고 새로운 피조물이 되어 모든 것이 새롭게 되는 일이 벌어집니다(고후 5 : 17).

하지만 모든 임종 시의 회개를 이러한 변화의 모습이 있느냐의 여부에 비추어 그 진위를 판단하지는 않습니다. 이것은 마치 건강한 사람들의 회심을 진심이 아니라고 판단하는 것과도 같습니다. 왜냐하면 대다수의 사람들은 회개의 조건을 충분히 갖추기까지 아직 더 시간이 걸리기 때문입니다. 나는 건강한 상태에 있는 사람들이 회개할 때 아직 선한 삶의 증거를 충분히 드러내 보이지 않았음에도 불구하고 그들의 회개가 진심인 것을 확신할 수 있는 경우를 보았습니다. 그와 같은 일은 임종 시의 회개에서도 마찬가지로 일어났습니다.

왜 병상에 누운 죄인이 회심할 때에는 자비의 하나님께서 그의 능력과 은혜를 나타내지 않으신다고 생각하는 것일까요? 만약 그것이 옳다면 복음 전도자나 신실한 성도가 병상에 누운 죄인을 심방하는 것도, 혹은 그가 병상에서 "어떻게 해야 구원을 얻을 수 있을까요?"라고 물을 때 답변을 하는 것도 모두 무익한 일일 것이며 더 나아가 오히려 해악을 끼치는 일일 것입니다.

어느 설교자가 강단에서 성경에는 나이든 죄인이 개종했다는 기록이 없다고 단호하게 주장하는 것을 들은 적이 있습니다. 그러나 이는 또 다른 극단적인 주장이며 근거가 없는 소리입니다. 성경에 기록된 놀라운 회심 사례 중 하나는 극도로 악한 죄인이 노년에 회심한 이야기입니다. 바로 므낫세 왕이 회개한 기사입니다. 성경에 기록된 인물 중에 이방인들보다 더 악하고 가증스럽게 우상 숭배를 자행한 사람을 꼽는다면 므낫세 왕을 넘어설 사람이 없습니다. 성경은 "므낫세가 유다에게 범죄하게 하여 여호와께서 보시기에 악을 행한 것 외에도 또 무죄한 자의 피를 심히 많이 흘려 예루살렘 이 끝에서 저 끝까지 가득하게 하였더라"(왕하 21 : 16)라고 기록하고 있습니다. 그러나 그의 나이는 정확하게 기술되어 있지는 않지만 그가 노년에 이르러 회개한 사실은 역대기로부터 추론할 때 거의 확실한 사실입니다(대하 33장).

이 글을 읽으시는 분들 중에 혹시 나이가 들었으나 회개하지 않은 분이 있다면 하나님의 자비를 저버리지 않기를 진심으로 권면하며 아직 여러분에게 소망이 있다는 사실을 전해 드립니다. 사랑하는 여러분, 하나님께서 내미신 화목의 손길을 거절하여 완강하게 자신을 스스로 제외시키지 않는 한 그 누구도 하나님의 구원의 반열에서 제외되지 않는다는 것이 성경의 가르침입니다. 주님은 안타까워하시며 여러분 한 분 한 분에게, 그리고 모든 사람에게 말씀하십니다. "그러나 너희가 영생을 얻기 위하여 내게 오기를 원하지 아니하는도다"(요 5 : 40).

두서없이 이 주제에서 저 주제로 말을 바꾸곤 하는 노인들의 특징을 따라 나도 이 시점에서 주제를 바꾸려 합니다. 이 글이 다소 장황해지는 것에 대한 양해를 부탁드립니다. 이 네 번째 편지에서 그 주제나 분량에 있어 의도했던 소기의 목적을 이루지 못하였기 때문에 나는 이 편지에 이어 다섯 번째 편지를 하나 더 쓰려고 합니다. 그러나 이 네 번째 편지를 마치기 전에 말씀드리고 싶은 것은 자연적인 관점에서 볼 때 죽음은 믿지 않는 사람과 믿는 성도 모두와 관련된 것이지만 성경에서 교훈하는 죽음은 그 대상에 따라 매우 다른 양상을 보인다는 것입니다.

우리가 성경에서 배우는 것은 한 사람으로 말미암아 죄가 세상에 들어오고 죄로 말미암아 사망이 왔다는 사실입니다. 에덴 동산에서 첫 사람에게 주신 하나님의 명령은 "선악을 알게 하는 나무의 열매는 먹지 말라 네가 먹는 날에는 반드시 죽으리라"(창 2 : 17)였습니다. 그리고 그가 불순종하여 범죄하였을 때 선고된 형벌은 "너는 흙이니 흙으로 돌아갈 것이니라"(창 3 : 19)였습니다. 그 형벌은 그때 이후로 자자손손 대대로 집행되고 있으며 이 세상의 거의 모든 지역이 한때 인간의 육체를 구성했던 흙으로 가득

찰 때까지 지속될 것입니다.

　냉정하게 판단하면 인간의 이성조차도 죽음은 죄의 형벌로서 온다는 사실을 시사합니다. 그렇지 않다면 선하신 하나님의 통치 아래에서 인간의 존재가 한 상태에서 다른 상태로 전이하는 과정에 그렇게 많은 고통과 두려움이 따르지 않을 것입니다. 이성이 희미하게 발견하는 이 사실을 성경은 명명백백히 밝혀 보여 줍니다.

　"죄의 삯은 사망이요"(롬 6 : 23).

　"한 사람으로 말미암아 죄가 세상에 들어오고 죄로 말미암아 사망이 들어왔나니 이와 같이 모든 사람이 죄를 지었으므로 사망이 모든 사람에게 이르렀느니라"(롬 5 : 12)

　반면에 믿는 성도들은 율법의 저주에서 구원을 받고, 그 결과 저주 중의 하나인 사망에서도 구원을 받습니다. 그러므로 구원받은 성도는 죽음을 맛보지 않는다고 말할 수 있을 것입니다. 주 예수님께서 "사람이 내 말을 지키면 영원히 죽음을 보지 아니하리라"(요 8 : 51)라고 권위 있게 선언하신 것은 그런 연유에서입니다.

　이 말씀에 영감을 받은 신약의 저자들은 "예수 안에서 자는 자들도 하나님이 그와 함께 데리고 오시리라"(살전 4 : 14), "우리가 다 잠 잘 것이 아니요 마지막 나팔에 순식간에 홀연히 다 변화되리니"(고전 15 : 51)와 같이 성도의 죽음을 "잠잔다"라고 표현하였습니다. 또 스데반의 순교 기사에서도 "무릎을 꿇고 크게 불러 이르되 주여 이 죄를 그들에게 돌리지 마옵소서 이 말을 하고 자니라"(행 7 : 60)라고 기록되어 있습니다.

　죽음이라는 단어가 하나님의 자녀들과 연결되면 새로운 의미를 지닌다는 것을 우리는 이해해야 합니다. 죽음은 그 쏘는 것을 빼앗겼습니다(고전 15 : 55). 그것은 죽음의 겉모습을 지녔을 뿐 그 본질이 달라졌으며 더 이상 저주가 아닌 축복이 됩니다. 넘치는 유익이 저주가 될 수 없습니다. 그러므로 신실하게 그리스도를 따르는 성도에게는 "죽는 것도 유익함"(빌 1 : 21)이 됩니다.

　정당하게 간절히 열망하는 것은 그 본질상 형벌이나

저주일 수 없습니다. 많은 성도가 사도 바울과 같이 육신을 떠나 그리스도와 함께 있기를 열망해 왔습니다. 요점을 말하자면 죽음은 가장 풍성한 축복의 범주 안에 들어갑니다. "그런즉 누구든지 사람을 자랑하지 말라 만물이 다 너희 것임이라 바울이나 아볼로나 게바나 세계나 생명이나 사망이나 지금 것이나 장래 것이나 다 너희의 것이요"(고전 3 : 21-22)라고 선언하는 말씀을 들어 보십시오. 그러므로 진실한 성도는 사망의 음침한 골짜기로 들어서게 될 때 전혀 두려워할 이유가 없습니다(시 23 : 4).

사랑하는 친구들이여, 우리가 진리의 횃불을 높이 들고 믿음으로 나아가기만 한다면 무덤 위에 있는 음울한 기운은 즉시 사라질 것입니다. 믿음은 이 어두움을 넘어 골짜기 건너에 있는 저 하늘나라, 새 예루살렘을 바라봅니다.

이 세상이 배출한 뛰어난 천재 중 한 사람인 존 번연은 그 공이 지대하긴 하지만 나는 그가 저술한 『천로역정』에서 주인공인 순례자 크리스천이 요단강을 건너 예루살렘으로 가는 과정을 그토록 험난하게 묘사한 것만은 도무지 용납할 수가 없습니다. 만약 번연이 스스로 『천로역정』

의 이야기 속으로 들어가 요단강을 건넜더라면 그는 아마도 넘실거리는 요단의 물길을 거꾸로 흐르게 할 수 있었을 것이며 요단을 가로질러 건너갈 마른 땅을 보여 줄 수 있었을 것입니다. 왜냐하면 실제로 증거궤를 멘 제사장들이 요단 기슭의 물에 발을 담그기가 무섭게 위로부터 흘러내리던 물이 그치고 끊어져 "모든 이스라엘은 그 마른 땅으로 건너"갔기 때문입니다(수 3 : 16-17). 그럼에도 불구하고 번연은 결국 현실을 눈에 보이는 대로 묘사했던 것 같습니다. 이미 그리스도 안에서 크나큰 위로가 주어졌음에도 불구하고 현실의 성도들은 그것을 누리지 못하며 살아가고 또 죽는 순간까지도 이미 주어진 그 위로를 갈망하기 때문입니다.

다섯 번째 편지

인생의 가을에 누리는 확신

Assurance in the Autumn of Life

머지않아 우리에게도 닥칠 죽음을 안전하고 평안하게 맞이하기 위해 우리가 할 수 있는 것이 있을까요? 이 바람직한 목적을 실현하기 위해 진지하게 임한다면 하나님의 도우심으로 우리는 많은 것을 할 수 있으리라고 확신합니다. 나는 심각한 기질을 가진 노인들이 의기소침해져서 자주 낙담하곤 한다는 것을 압니다. 이러한 낙심은 그들로 하여금 지금 당장 죽음에 대한 준비가 되어 있지 않다면 앞으로도 결코 준비할 수 없을 것이라고 단정하게끔 만듭니다.

지금까지 내가 겪어온 지인들이나 내 주변의 성도들

을 통해 얻은 결론은 무덤에 가까이 다가갔다고 해서 영원한 영적 현실의 중요성을 더욱 인지하고 깨닫게 되는 것은 아니라는 사실입니다. 즉, 나이가 든 노인이 되었기 때문에 그리스도와 연합한 삶의 증거를 더 분명하게, 더 만족스럽게 드러내는 것도 아니라는 것입니다.

주위의 여러 성도들에게 자신의 영적 상태가 양호하다는 확신으로 마음이 편안한지 자주, 반복하여 물어보십시오. 아마도 열 명 중에서 아홉, 그것이 아니라면 다섯 명 중에서 넷은 부정적인 대답을 할 것입니다. 그리고 그들은 중생의 은혜를 받은 적이 있는지에 대해 강한 의구심을 표할 것입니다.

그러나 은혜의 교리를 진심으로 받아들이고 그 가르침에 자신의 영혼을 전적으로 맡긴 사람들은 그렇지 않았습니다. 사도들과 초대교회 성도들이 누렸던 기쁨이 넘치는 자신감과 확신에 찬 소망에 대해서는 더 말할 필요도 없습니다. 초기 개혁교회 성도들은 성경의 순수한 교리적 가르침에서 더할 수 없는 평안과 기쁨을 얻었던 것으로 보입니다. 영국의 청교도들과 미국 뉴잉글랜드 교회의 청교도들, 스코틀랜드 장로교회의 전성기와 가장 순수했던 시절의 스코틀랜드 장로교회 성도들 사이에서도 그것은 마찬가지였습니다.

종종 제기되는 질문은 왜 지금은 이러한 교리적인 가르침을 굳게 믿음으로써 누리는 위안이 이전 세대보다 덜 해졌는가 하는 것입니다. 지금 이에 대한 설명을 하려고 이 사실을 언급한 것은 아닙니다. 단지 주위에 있는 대다수의 성도들이 실제로 죽음에 대한 준비가 되어 있지 않다는 것을 말하기 위함입니다.

비록 그들이 안전한 상태에 있다고 하지만, 그들은 다가오는 자신의 마지막에 대한 확신도 없고 평안함도 없습니다. 진정성 있는 경건함에 대한 그들의 증거는 모호하며 그들은 자신이 안전한 상태에 있는지도 알지 못합니다. 그렇다면 위에 기술한 모든 성도들, 그중에서도 특히 나이든 성도들에게 조급한 마음으로 촉구해야 할 가장 중요한 것은 하나님께서 나를 부르시고 택하셨다는 사실을 확신하기 위해 근실하게 정진하라는 가르침입니다(벧후 1 : 10-11).

나는 일부 성도들이 하나님의 택함받은 자녀에게 주어진 평안과 안위의 증거들을 상당히 누리고 살면서도 사람들 앞에서 공개적으로 자신들이 온전한 확신에 이르렀다고 말하지 않는 것을 알고 있습니다. 그들은 이 귀한 특전을 누리는 사람이라면 늘 기쁘고 그 심중에 결코 의심의 그림자가 드리우지 않을 것이라고 생각하기 때문입니다. 그러나 그들의 마음이 늘 한결같이 평안한 상태인 것도 아니고, 삶의 증거 또한 그리 대단하지 않아 증대되지 못하고 있다 할지라도 그들이 흔들리지 않는 확신을 가지고 있다는 것만은 사실입니다.

내가 아주 젊었을 때 어느 지혜로운 목사님과 대단히 경건한 노부인이 나누는 대화를 들었던 것이 기억납니다. 그 노부인은 사무엘 데이비스 목사님이 시무하시는 하노버 카운티에 위치한 교회의 성도였습니다. 주님을 섬기며 누리는 평안함에 관한 질문에 그 노부인은 먼저 믿음, 회개, 감사에 관한 자신의 생생한 감정을 언급하였습니다. 그런 다음 "하지만 목사님, 저는 아직 확신하는 믿음의 경지에까지 이르지는 못하였습니다. 제가 말씀드릴 수 있는 것은 저에게 하나님께 의지해야겠다는 믿음이 있다는 것입니다."

라고 말했습니다. 이에 그 목사님은 이렇게 답했습니다. "글쎄요. 만약 하나님을 의지하는 믿음이 있다는 것을 스스로 안다면, 그것이 바로 확신입니다."

다양한 성도들이 지니고 있는 증거의 분량은 각각 달라서 여리고 미미한 소망에서부터 강한 확신에 이르기까지 여러 모양이며 증거의 명확성도 상황에 따라 매우 다릅니다. 그러나 이 문제와 관련해 볼 때, 슬프게도 전반적으로 대부분의 교회들이 평균 이하의 저조한 상태인 것으로 보입니다. 종종 정확하게 확인되는 바에 의하면 우리는 죽음의 때가 아주 가까이 닥쳐오기 전까지는 임종의 은혜를 기대하지 않습니다.

하나님은 우리의 필요에 따라 힘을 주시는데 믿는 자들은 혹독한 시련을 만나거나 힘겨운 직무를 수행할 때 자신이 기대하고 간구하는 절실함에 비례하여 하나님의 도우심을 받습니다. 그리고 자신의 힘이 아닌 다른 힘에 의해 지탱되고 있는 자신을 발견하고 놀랍니다. 이러한 연유로 우리는 진실하고 겸손한 성도가 살아 있는 동안에는 죽음에 대한 두려움에 얽매여 속박을 받으나 임종의 시간에 이르러서 두려움을 이기고 승리하는 것을 자주 목도했습니다.

　이 같은 하나님의 특별한 도우심에 대한 기대를 가지도록 성도들을 도와주고 그들을 북돋아 주는 것이 마땅합니다. 그것이 우리가 죽음에 대해 준비해야 할 일들 중 하나입니다. 사망의 음침한 골짜기를 지날 때 우리를 만나 주시고 위로해 주실 위대한 목자를 우리가 믿고 의지한다면 그분은 결코 우리를 실망시키지 않으실 것입니다.

　그러나 우리는 마음에 의심을 가지고 고민하는 성도들을 대할 때 그들이 가진 오해와 불안과 두려움을 보기보다는 그들이 근본적으로 신실한 성도라는 것과 문제의 근원이 그들 자신에게 있다는 것에 집중하는 경향이 너무 강합니다. 많은 경우에 이것은 전적으로 실수일 수도 있고, 그들로 하여금 치명적인 착각을 일으키도록 오도할 위험성도 있습니다.

　여기서 영적인 파수꾼의 능력과 충실함이 시험대에 오르게 됩니다. 그는 말씀이 규정한 원칙에서 추호라도 벗어나지 않아야 합니다. 거짓 신자가 오도된 망상으로 소망과 격려를 받는 것보다는 경건한 성도가 약간의 불필요한 고통을 받는 것이 더 낫습니다. 입술로만 믿는다고 말하는 많은 사람에게 신앙에서 오는 참 평안의 증거가 없는 이유는 실제로 그들에게 평안이 없기 때문입니다. 그들은 중생의 체험을 한 적도 없고 계속해서 죄와 허물 가운데 죽어 있습니다. 처음부터 그들 속에 존재하지 않는 것을 그들 속에서 찾지 못하는 것은 당연한 일이지 놀랄 일이 아닙니다.

나는 빈약한 근거를 대며 주위의 성도들에게 은혜가 없다고 판단하는 비판적인 태도를 혐오합니다. 그러나 나의 모든 경험과 관찰에 의해 나는 현 시대뿐만 아니라 이전 시대에도 교회의 절반은 기름을 준비하지 않은 "어리석은 처녀들"(마 25 : 1-13)이 채우고 있다고 생각합니다.

그러므로 인생의 황혼을 맞은 여러분과 나 자신에게 촉구하는 것은 천국을 바라는 우리의 소망의 근거에 대하여 지금까지 해왔던 것보다 한결 더 진지하게, 편견 없이, 철저한 검토를 하자는 것입니다. 우리 신앙 여정의 처음으로 돌아가서 그때보다 성숙해진 현재의 안목으로 판단할 때도 과연 그 당시 우리가 구원의 은혜로 변화를 받았다는 결론을 내릴 수 있을지 살펴봐야 하겠습니다. 더 진지해졌는지, 동정심이 한결 강해졌는지, 또는 두렵거나 고통스러운 마음이 평안하게 변했는지를 묻는 것이 아닙니다. 왜냐하면 이러한 것들은 거듭나지 않은 사람들에게도 일어날 수 있고 또 줄곧 일어나는 체험들이기 때문입니다.

새로운 성품이 우리 안에서 끊임없이 반복되어 결국 우리의 삶의 방식으로 정착되었다고 여길 만한지 우리는 우리 자신을 면밀하게 살펴야 합니다. 혹시 죄에 빠졌을 때 깊이 회개했습니까? 베드로가 심히 울었던 것처럼(마 26 : 75) 내 죄 때문에 소리 내어 울었던 적이 있습니까? 다윗이 통회한 것처럼(시 51편) 내 죄로 인하여 깊이 슬픔에 잠겨 본 적이 있습니까? 죄를 인식하고 죄를 고백하고 난 후 다시 똑같은 죄의 길로 되돌아가는, 그런 회개를 말하는 것이 아닙니다. 요점은 우리의 과거를 면밀히 돌아본 후 현재 일상적인 내 마음의 상태가 어떠한가를 살펴보는 것입니다.

지금 우리는 말씀에 드러난 그대로의 하나님을 사랑합

니까? 그리고 거룩함에 주리고 목말라하며 온전히 하나님의 율법을 준수합니까? 때로 우리의 욕구에 맞추기 위해 율법의 기준이 완화되어야 한다고 생각하지는 않습니까? 우리는 하나님의 은혜 안에서, 하나님의 말씀과 규례를 따라 하나님과 교통함으로써 우리의 가장 큰 행복을 얻으려 합니까? 하나님의 영광이 우리가 열망하는 지상과제이며 하나님 나라의 확장을 위해 우리가 할 수 있는 모든 것을 하기를 진심으로 바라며 다짐합니까? 모든 하나님의 백성은 교파를 불문하고 누구나 하나님의 형상을 지녔으며 구속받은 하나님의 자녀이므로 그들을 진정으로 사랑할 수 있습니까?

우리는 무엇에 근거하여 죄의 용서를 받았고, 무엇에 근거하여 하나님의 은혜를 기대합니까? 우리가 다른 사람들보다 잘났기 때문입니까? 우리가 쌓은 훌륭한 경험들 때문입니까? 혹은 우리가 행한 도덕적 행실이나 자선 행위 때문입니까? 우리가 감히 우리 자신의 선함과 의로움을 신뢰할 수 있겠습니까? 만약 위에 언급된 것이나 혹은 그와 유사한 어떤 것이 우리의 근거라면 우리는 모래 위에 집을 지은 것과 같아서 우리의 우뚝 솟은 소망은 무너질 수밖에 없습니다(마 7 : 24-27).

하지만 생각건대 겸손한 회개자는 다음과 같이 고백할 것입니다. "그리스도를 위해 나는 모든 것을 해로 여깁니다(빌 3 : 8). 나는 죽어 마땅하기 때문에 하나님께서 나를 지옥으로 보내시는 것이 완벽하게 옳다는 것을 나는 어떤 것들보다 더 확신합니다. 내가 내 마음을 알거니와 이제 나의 모든 믿음과 나의 모든 소망은 주 예수 그리스도와 그의 온전한 의로우심과 그의 중보하심에 있습니다. 이후로 내가 하나님을 섬길 수 있다거나 단 하루라도 견인할 수 있다는 모든 확신은 성령님의 은혜에 있습니다."

성도의 삶에 증거로 드러나는 성품은 두 가지로 요약될 수 있습니다. 먼저 그리스도에 대한 전적인 신뢰인데 이는 칭의에 관한 것입니다. 다음은 거룩함에 대한 진실하고 보편적인 사랑인데, 이 사랑을 소유하고 견지하고 증대시키기 위해서는 성령님을 의지해야만 합니다.

신앙의 동지 여러분, 만일 이와 같은 증거들을 우리 삶에서 찾을 수 있다면 여러 가지 다양한 양심의 가책으로 괴로워하지 않아도 되고, 모든 의구심을 떨쳐 버려도 좋습니다. 하나님의 말씀은 말씀을 의지하여 그 인도를 받는 사람을 결코 기만하지 않습니다.

우리는 우리 심령 속에서 영적인 생명이 시작되는 날이나 혹은 그 연도조차 알지 못할 수도 있습니다. 그러나 만약 우리가 그 따뜻한 생명의 박동을 느낀다면, 만약 그 생명이 참으로 원하는 것을 호흡하듯 들이킨다면, 만약 우리 마음의 보물이 천국에 있다면(마 6 : 19-21), 만약 하나님의 나라와 그의 의가 우리에게 어떤 것보다 더 소중하다면(마 6 : 33), 만약 하나님의 백성이 그 누구보다 우리에게 더 사랑스럽다면, 그리고 만약 우리가 한결같이 열망하는 최대의 소원이 살든지 죽든지 우리를 구원하신 하나님을 영화롭게 하는 것이라면(롬 14 : 8, 고전 10 : 31, 전 12 : 13, 소요리문답 1) 우리는 기꺼이 죽음을 맞이할 수 있습니다.

그분은 우리에게 무서운 왕이 아닙니다. 우리가 할 말은 "오시옵소서. 주 예수여, 어서 오시옵소서."라는 고백이 될 것입니다(계 22 : 20).

다섯 번째 편지

　아마도 여러분 중에는 죽음의 고통을 두려워하는 사람도 있을 것입니다. 발작적인 몸부림, 죽어가는 신음, 힘겨운 숨소리, 그리고 섬뜩한 얼굴 표정에 대하여 들어 보았을 것입니다. 사실 솔직히 말씀드리면 그 장면이 끔찍하긴 합니다. 그렇지만 그것은 이내 지나가고, 영구히 끝이 납니다.

　그리고 나의 생각입니다만, 그것이 제삼자에게는 엄청난 고통으로 보일지라도, 죽어가는 당사자는 극심한 통증을 의식하지 못하는 경우가 종종 있다고 봅니다. 불멸의 영혼이 육체와 분리되는 순간, 육체는 마치 편안한 잠에 빠지는 것과 같습니다. 종종 육체가 고통으로 괴로워하거나 혹은 평상시라면 매우 고통스러웠을 요인에 의해 시달리는 동안, 영혼은 하나님께서 영혼에 쏟아부어 주시는 놀라운 평화로 인해 엄청난 지원과 위로를 받아 육체의 고통과 경련에 대해서는 생각조차 하지 않게 되기도 합니다.

　또 많은 경우에 하나님께서는 그의 백성들을 갑작스럽게 데려가기도 하시는데 그들은 천국에서 깨어날 때까지 아무것도 알지 못합니다. 아, 이렇게 놀라운 전환이라니요! 만약 점진적으로 영광의 빛으로 들어가야 한다면 우리의 체질을 아시는 하나님께서는 그에 적절하게 모든 것을 처리하실 것입니다.

그럼에도 불구하고 여러분에게 죽음에 대해 많이 묵상할 것과 그에 대한 소중한 약속의 말씀들을 정리하여 외우실 것을 권면합니다. 임종할 때를 위한 힘과 은혜를 주시기를 기도하고, 믿음의 동지들에게도 함께 기도해 달라고 부탁하십시오. 마음을 가라앉히고 불안한 걱정에 굴하지 말아야 합니다. 그러다가 나를 오라고 부르시면 허리를 동이고 등불을 환히 밝히고 내가 있어야 할 자리에 있으면 됩니다. 모든 세상적인 일은 미리 정리해 두도록 하십시오.

죽음의 문턱에서 드리는 기도

*A Prayer for One who feels that He is approaching
the Borders of another World*

오, 자비로우신 하나님! 주께서 주권적으로 온 우주를 다스리시는 것과 그로 인해 하늘의 천군과 이 땅의 사람들 중에 주의 뜻이 이루어지는 것을 기뻐합니다. 주님은 내 육신의 조성자시고 영혼의 아버지시며 주님의 영광이 가장 적절하게 드러나는 방식으로 나의 생명을 주장할 완벽한 권리를 가지신 분입니다. 주님께서 하시는 모든 일은 옳고, 지혜롭고, 정의롭고, 선하다는 것을 압니다. 나의 영원한 운명이 어떻게 되든 주의 위대한 이름이 나로 인해 영화롭게 될 것을 확신하며 기뻐합니다.

그러나 주께서는 죄에 빠진 비참한 이 세상에 주의 자

비와 은혜를 드러내기를 기뻐하시고, 구원의 말씀을 선포하여 나로 하여금 영생을 받아들이도록 부르셨기에 기쁨으로 주 예수를 나의 구주, 나의 유일한 구속자로 영접합니다.

그리고 하나님께서 말씀하신 모든 것, 즉 예수님의 신적인 성품, 그의 성육신, 그의 흠결 없는 거룩한 삶, 그가 행한 수많은 이적과 은택, 그의 대속의 죽음과 보혈의 공로, 그의 영광스러운 부활과 승천에 대한 가르침을 진심으로 믿습니다. 또한 하나님 우편에 앉으신 예수님과 택하신 모든 백성을 위한 그의 중보를 믿으며 더 나아가 여기 이 세상에서 고통받는 성도들에게 주시는 그의 사랑에 찬 보살핌과 도우심을 믿습니다. 그리고 겸손히 주를 따르며 천국에서 주와 함께 거하게 될 성도들을 맞이하기 위해 재림하실 것과 그때 그의 완고한 원수들에게 복수로 갚아 주실 것을 믿습니다.

나의 구원의 소망과 확신은 오직 주 예수 그리스도의 중보적 사역에 의한 것임을 믿으며 그로 인해 성령께서 은혜로 임하여 그리스도의 구속을 우리에게 적용시켜 믿게 하시고, 삶을 회개하게 하시고, 그리고 천국을 기업으로 받기에 부족함이 없도록 우리의 영혼과 육체를 망라한 전 인격을 빚어 성화시키시는 것을 믿습니다. 은혜로우신 하나님, 새 언약의 축복을 당신의 무익한 종에게 풍성하게 허락해 주시기를 기도합니다.

나에게는 천성적으로 주님의 은혜를 받을 수 있을 만큼의 선한 것이 없습니다. 아, 나의 이 육신에는 선한 것이 거하지 않으며 내가 행한 그 어떤 선한 행실도 마찬가지입니다. 우리의 모든 의로움은 더러운 누더기와 같기 때문입니다. 이에 더하여 무수히 많은 나의 죄 중에 그 어떤 것도 나는 갚을 수가 없습니다. 나의 죄는 그 수가 많을 뿐만 아니라 질적으로도 극악하여 하나님께서 진노하시는 것이 당연하고 나를 당장 지옥으로 보내신다 해도 나의 죗값은 정당할 따름입니다.

내가 비록 어느 정도의 성의를 가지고 하나님을 섬기려고 노력해 왔다고는 하지만 지금까지 내가 한 그 어떤 선한 행실이나 선한 생각도 모두 하나님의 은혜 덕분이며 은혜가 아니고서는 하나님께 용납될 수 있는 것이 아무것도 없습니다. 내가 수행한 최선의 성과조차도 주의 율법이 규

정하는 완벽한 기준에 훨씬 미치지 못하는 것을 깊이 깨닫습니다. 그리고 내가 최선을 다하는 중에도 죄악과 뒤섞이므로 내가 드린 가장 뜨거운 기도조차도 정죄를 받아 마땅합니다.

그리하여 부끄러워하며 통회하는 심령으로 고백하는 것은 내가 행위로 지은 죄뿐만 아니라 "내 마음의 법에 대항하여 죄와 사망의 법 아래 나를 사로잡아 가는 또 다른 법이 내 지체 안에 있다"는 것입니다(롬 7 : 23). 이 타락한 본성은 수없이 많은 악한 생각과 악한 욕망의 근원이며 믿음과 사랑의 사역을 위축시키고, 선한 일을 방해하여 결국 내가 선을 행할 때에도 악이 공존하게 합니다. 나에게 남아 있는 이 타락한 본성은 그 뿌리가 너무나 깊고 강력해서 하나님께서 주시는 은혜의 도우심이 없이는 그것을 근절하거나 억누르려는 모든 노력이 헛수고가 됩니다. 그리하여 나는 나의 본성에 뿌리박힌 죄의 깊이와 간악함을 엿볼 때마다 그것에 압도당하여 "내가 스스로 거두어들이고 티끌과 재 가운데에서 회개하나이다"(욥 42 : 6)라고 했던 욥의 고백을 외칠 수밖에 없습니다.

의로우시고 전능하신 하나님, 나의 죄가 아무리 사악하고 수치스럽다 할지라도 이제는 그것을 감추려 하지 않겠습니다. 내 모든 죄를 주 앞에 뉘우치며 고백하고, 나의 죄에 대한 변론은 오직 주 예수 그리스도의 완전하신 의에만 의지하여 호소하겠습니다. 의로우신 주님은 불의한 나를 하나님 곁으로 가까이 인도하기 위해 돌아가셨기 때문입니다. 나는 오직 주님만을 위하여 나의 구원에 필연적으로 동반되는 풍성한 축복을 간구하고 기도할 것입니다.

나는 비록 비천하지만 주님은 가장 존귀하신 분입니다. 나는 비록 의롭지 못하지만 주님은 속죄의 죽음과 거룩한 삶으로 내가 완전히 의롭다 칭함을 받게 하시고 나에게 흠 없이 정결한 의의 옷을 입혀 주셨습니다.

의로운 재판장이신 하나님, 나의 죄는 간과하시고, 나의 모든 죄명을 벗겨 죄가 없다 선언하시고, 하나님께서 기뻐하시는 구주 예수 그리스도의 의로움을 보시고 은혜로 나를 의롭다 여겨 주소서.

주님, 간절히 기도합니다. 나의 모든 죄에서 나를 구원해 주실 뿐만 아니라 죄의 형벌에서도 나를 구하여 주소서. 모든 죄와 악에서 구속받게 하시고 또한 율법의 심판에서도 구속을 받게 하여 주소서. 그리고 말씀과 성령께서 하시는 성화의 역사가 내 심령 속에서 계속되어 하나님께서 정하신 때에 온전에 이르게 하여 주소서.

주님, 내가 육신을 입고 이 세상을 사는 동안 영육 간에 하나님의 이름을 영화롭게 하는 것을 끊임없이 궁구하며 그것을 삶의 목적으로 삼게 하여 주소서(고전 10 : 31). 내 몸과 영은 더 이상 나의 것이 아닌 하나님의 것입니다. 하나님께서 금과 은이 아니라 흠 없는 어린 양 예수님의 보혈을 "값으로" 지불하고 나를 사셨기 때문입니다(고전 6 : 20, 7 : 23). 나로 하여금 사람들 앞에 빛을 비치게 하여 세상 사람들이 나의 착한 행실을 보고 하나님께 영광을 돌릴 수 있도록 허락하여 주소서(마 5 : 16). 주님, 이 땅에서 하나님 나라를 확장시키고, 영혼을 구하는 사역에 나를 겸손한 도구로 사용하여 주소서.

만약 이 땅에 사는 동안 내가 고난을 받도록 주님께서 작정하셨다면 나의 연약함을 주께서 기억하여 주소서. 그리고 나에게 주시는 견책이 사랑하는 아버지의 책망이 되어 내가 주님의 거룩함을 닮게 하여 주소서(히 12 : 5-13). 내가 감당하지 못할 유혹일랑 받지 않게 하시고 혹시 그런 유혹을 받으면 벗어날 길을 함께 허락하여 주소서(고전 10 : 13).

자비가 한량없으신 하나님, 연만한 노년에 나를 멀리 하지 마시고 내 힘이 쇠한 때에 나를 버리지 마옵소서. 이제 늙고 백발이 머리를 덮은 이때에 나를 버리지 마소서. 오히려 주의 풍성한 은혜를 허락하사 나로 하여금 늙어서도 열매를 맺을 수 있게 하소서. 나의 백발이 의로운 삶의 길에서 얻어진 결과이기를 원합니다(잠 16 : 31).

노망하지 않고 우매하지 않도록 내 마음을 지켜 주시고, 오랜 질병과 극심한 고통으로부터 나의 육신을 지켜 주소서. 삶의 만년에 실의와 낙심에서 나를 건져 주시고, 인내와 의연함과 거룩한 주의 뜻에 온전히 순복함으로 고통을 견디게 하여 주소서. 화목을 이루신 주님의 얼굴을 나에게로 향하여 그 빛을 끊임없이 비추어 주시고, 나로 하여금 주님이 주신 구원을 기뻐하며 주의 영광을 바라며 기뻐하게 하소서. 사람의 지혜로는 헤아릴 수 없는 평화가 내 영혼에 쉬지 않고 스며들어 삶의 모든 폭풍과 우여곡절을 지나는 동안 나의 마음이 평온해지기를 원합니다.

자비로우신 하나님 아버지, 자연의 흐름에 따라 내 삶의 마지막이 틀림없이 다가오고 있으며 머지않아 이 육신의 장막을 벗어야 한다는 것을 알고 있습니다. 이 피할 수 없는 엄숙한 일에 대비할 수 있도록 나를 준비시켜 주시기를 정직하고 겸손한 마음으로 아버지께 간구합니다.

죽음의 공포가 엄습할 때 의연해질 수 있도록 나의 심지를 북돋아 주소서. 그리고 아버지의 뜻이라면 내가 죽음의 관문을 수월하게 통과할 수 있도록 허락하소서. 자연스레 무덤에 드리우는 먹구름과 안개를 걷어 주시고, 음침한 골짜기로 부드럽게 나를 인도해 주소서. 나를 위하여 죽음의 고통을 먼저 맛보신 주님, 초장에 있는 양들을 측은히 여기시고 저들을 어떻게 도울지 아시는 선한 목자이신 나의 주님, 그때 그곳에 나와 함께 계셔서 나를 인도해 주시고, 나를 격려해 주시고, 나를 위로해 주소서.

사망의 음침한 골짜기에 천국의 빛을 밝게 비추어 주셔서 나로 하여금 악을 두려워하지 않게 하소서. 나의 몸과 마음이 감당하지 못할 때 주님께서 내 마음의 힘이 되시고 내 영원한 분깃이 되어 주소서. 힘든 시간에 용기가 무너지지 않게 하소서. 나의 강력한 원수가 마지막 싸움에서 내 영혼을 겁박하지 않게 하여 주시고, 나로 하여금 이 무서운 싸움의 승리자가 될 수 있도록, 아니 승리자 그 이상이 될 수 있도록 역사하여 주소서.

나의 이성이 마지막 순간까지 끊어지지 않고 이어질 수 있도록 지켜 주시기를 겸손히 간구합니다. 만약 주님께서 허락해 주신다면, 주님의 위로와 격려를 받아 실제적인 상황에서 믿음이 어떻게 역사하는가를 보이는 간증이 되고, 은혜로운 약속을 반드시 지키시는 신실하신 하나님에 대한 증거가 되기를 원합니다. 그리하여 하나님을 섬기는 다른 사람들도 나의 본을 보고 용기를 얻어 이스라엘의 목자이신 주님의 인도하심과 보호하심에 온전히, 담대히 자신을 맡길 수 있게 되기를 소망합니다.

주 예수님, 내 영혼이 이 육신의 장막을 떠날 때 나의 영혼을 받아 주시옵소서. 거룩한 천사들을 보내어 갈 길을 알지 못하는 나의 영혼을 주님께서 예비하신 처소로 인도하여 주옵소서. 오 주님, 비록 가장 비천한 자이지만 나로 하여금 주의 영광을 보게 하소서. 나로 하여금 구주 예수 그리스도의 나라에 넉넉히 들어가게 하옵소서(벧후 1 : 11). 주님을 위하여, 주님의 이름으로 이 모든 것을 간구합니다. 아멘.

Aging in Grace : 은혜로운 노년
인생의 가을을 맞이한 이들에게 보내는 노(老)신학자의 편지

초판인쇄 2024년 4월 5일
초판발행 2024년 4월 12일

지 은 이 아치볼드 알렉산더   **옮긴이** 김동철 유영희
펴 낸 이 진호석
주 소 03128 / 서울시 종로구 대학로3길 29, 신관 4층(연지동, 총회창립100주년기념관)
편 집 국 (02) 741-4381 / 팩스 741-7886
영 업 국 (031) 944-4340 / 팩스 944-2623
홈페이지 www.pckbook.co.kr
인스타그램 pckbook_insta   카카오채널 한국장로교출판사
등 록 No. 1-84(1951. 8. 3.)

책임편집 정현선
편 집 오원택 김효진 박신애   **디자인** 남충우 김소영 남소현
경영지원 박호애 서영현   **마케팅** 박준기 이용성 성영훈

ISBN 978 - 89 - 398 - 4497 - 1
값 7,000원

※ 이 출판물은 저작권법에 의해 보호를 받는 저작물이므로 무단전재와 무단복제를 할 수 없습니다.